S0-AGV-415

UNE ALGÉRIENNE DEBOUT

KHALIDA MESSAOUDI
entretiens avec
ELISABETH SCHEMLA

UNE ALGÉRIENNE
DEBOUT

FLAMMARION

© Flammarion, 1995
ISBN : 2-08-067154-5
Imprimé en France

A toutes les femmes violées ou assassinées
par les groupes armés du FIS.
Aux intellectuels, aux enfants, aux artistes,
aux journalistes et à toutes les victimes
de la barbarie intégriste.
A tous les résistants et résistantes
qui sauvent notre honneur en Algérie.

*A Eugène Mannoni,
seigneur du journalisme,
passant considérable.*

PROLOGUE

Lorsque je me suis trouvée pour la première fois en face de Khalida Messaoudi, en juillet 1994, j'ai été impressionnée. Elle venait d'être blessée à la jambe par l'éclat d'une bombe, lors d'une manifestation démocrate à Alger, et j'ai senti qu'elle traversait un de ces moments d'abattement auxquels n'échappe aucun résistant. Le calvaire et la solitude des femmes algériennes, croyait-elle, laissaient le monde indifférent. La noblesse guerrière de son visage n'a donné que plus de poids au propos qu'elle m'a alors tenu, et qui fera le titre de l'interview déterminante pour son combat qu'elle m'accordera, quelques semaines plus tard, dans *Le Nouvel Observateur* : « Le voile, c'est notre étoile jaune. »

Il est plus que rare de rencontrer, dans le monde musulman, une féministe déterminée à aller jusqu'au bout pour empêcher les intégristes de s'emparer du pouvoir dans son pays. Toute résistance suppose un caractère et des certitudes fortes. J'espère que l'on mesurera mieux, après avoir lu ces entretiens, quelle ardeur, quelle puissance de convictions et, finalement, quel sens du sacrifice il faut à une femme, en terre d'islam, pour se dresser contre les barbares d'Allah, pour refuser l'avènement d'un État islamique. Et pour oser le faire de l'intérieur, malgré les menaces de mort. Au nom de la liberté des femmes, ces majoritaires minoritaires qui sont – absolument – les victimes de l'intégrisme. En défendant l'interruption d'un processus électoral, sans se laisser prendre au piège des états d'âme démocratiques qui, dans certaines circonstances, conduisent beaucoup plus sûrement à se coucher qu'à rester debout.

Ce radicalisme, car c'en est un en effet mais qui a de la grandeur, vaut à Khalida Messaoudi d'être péjorativement traitée d'« éradicatrice ». Le terme suscite chez elle, qui a les mots pour toute arme, une colère et une indignation difficiles à endiguer. On comprendra pourquoi, à découvrir la fermeté de son engagement laïque et républicain, son inlassable appel à un État de droit et à l'émergence de la citoyenneté en Algérie. Cela sans rien renier, c'est le moins que l'on puisse dire, de son identité complexe, car Khalida est et se veut à la fois algérienne et berbère, musulmane et rationaliste, amoureuse de chaabi et de raï, maniant aussi bien l'arabe que le français et le berbère. Je crois cependant qu'elle devrait revendiquer avec fierté le substantif dont les chantres de toutes les compromissions l'affublent. Il finira par se retourner à son avantage. Un jour ou l'autre, l'Histoire rend toujours justice à ceux qui refusent le totalitarisme, athée ou religieux. Pour ma part, je ne parviens pas à voir en quoi celles et ceux qui défendent des valeurs que nous ne cessons d'exalter pour nous-mêmes seraient considérés comme étrangers à leur propre culture, et dès lors montrés du doigt. Ou pire, abandonnés. La passion algérienne s'est à nouveau emparée de la France. Mais, depuis trente-trois ans, pour de multiples raisons, nous avons perdu de vue l'Algérie. Il serait désastreux de juger la tragédie qui s'y déroule avec nos vieilles idées ou nos anciennes émotions. Lorsqu'elle me l'a demandé, j'ai accepté sans hésiter de faire ce livre avec Khalida Messaoudi dont l'amitié est un précieux cadeau : elle a l'âge de son pays, et c'est à elle d'en parler.

Elisabeth Schemla

Chapitre 1

LES ANNÉES « TOUT BÉNÉF »

Elisabeth Schemla – Voilà deux ans que tu es condamnée à mort par le FIS. Comment as-tu été prévenue de cette menace ?

Khalida Messaoudi – Ça s'est passé en plusieurs temps. D'abord, en 1992 et au début de 1993, j'ai reçu des coups de téléphone en pleine nuit, chez moi, dans la cité Baranès, une cité populaire où j'habitais, sur les hauteurs d'Alger. En général, c'était après un meeting, une manifestation ou une émission de radio. Une voix me disait : « Vous crèverez tous ! » Puis, il y a eu des agressions verbales contre moi lors des prêches, dans les mosquées du FIS. Par les haut-parleurs dont les échos lancinants pénètrent jusqu'au cœur des maisons, des imams lançaient des imprécations contre moi, me traitaient de « femme aux mœurs dévoyées », de « danger pour la morale et les femmes » et mettaient en garde celles qui seraient tentées de suivre mon exemple. Un jour, une de mes anciennes élèves qui vit à Larbaa, à une soixantaine de kilomètres d'Alger, m'a appelée, terrorisée. Par la fenêtre de sa chambre, elle avait entendu l'imam et elle me rapportait ses propos exacts : « L'apostat, la sœur de Satan doit mourir! Khalida, rentre dans la foi! » Pour être honnête, je n'ai pas pris tout ça très au sérieux. Jusqu'à ce que les intégristes s'attaquent en quelques jours aux premiers intellectuels cibles, qu'ils tuent devant leur immeuble. C'était le mars noir de 1993. J'étais alors à Paris pour me faire soigner. J'ai appris par ma sœur qu'ils étaient venus me chercher, moi aussi, à mon domicile où ils ne m'ont pas trouvée, et pour cause. En fait, j'ai eu de la chance d'échapper à cette première vague d'exécutions et ça m'a permis de comprendre que j'étais sur leurs listes. Malheureusement, aucun de mes amis assassinés, car c'étaient tous des amis, n'avait eu cette possibilité. J'ai décidé de rentrer quand même, mais je ne suis évidemment pas retournée chez moi. J'ai commencé à me cacher, j'ai cessé de travailler, et j'ai continué à faire de la politique en me rendant clandestinement au siège de mon mouvement. Enfin, une lettre dans une enveloppe manuscrite est arrivée dans ma boîte [voir en annexe], et mes parents me l'ont fait parvenir. C'était un communiqué très administratif, ronéoté, qui m'annonçait ma condamnation à mort.

E. S. – A partir de là, tu réussis toujours à échapper aux intégristes...

K. M. – Tu ne crois pas si bien dire! Figure-toi que j'ai découvert dans un numéro d'avril 1994 d'*Etabsira*, le bulletin du FIS qui paraît à Londres, que j'aurais dû mourir quelques jours avant, le 22 mars au soir. On peut y lire qu'un groupe armé m'attendait de pied ferme à El-Biar, devant le domicile d'une amie chez laquelle je devais passer la nuit, et que je ne m'y étais pas rendue. L'information était parfaitement exacte : j'avais en effet changé mes plans au dernier moment, car j'avais encore du travail. Il faut croire que la baraka existe, même pour les féministes laïques! Dieu reconnaît bien les siens!

14

E. S. – Et ce n'est pas fini... Ainsi, la dernière grande manifestation des démocrates à la tête de laquelle tu étais, en juin 1994 à Alger, a été interrompue par un attentat à la bombe. Il a fait deux morts, soixante-dix blessés et il te visait au premier chef ainsi que Saïd Sadi, le président de votre mouvement. Tu t'en es sortie avec un éclat léger dans la jambe. N'importe qui abandonnerait. Toi, tu continues malgré tout à vivre en Algérie.

K. M. – Je n'ai pas d'enfants, et ça change tout. Je n'ai à me préoccuper que de sauver ma propre peau. Je ne vis pas dans l'angoisse – à rendre fou! – de savoir si mes gosses seront encore vivants la minute suivante; ou de savoir s'ils vont à l'école, s'ils sont correctement nourris et pris en charge, pendant que je me cache. Tu sais, sans le clan autour de soi en Algérie, le clan familial surtout, il est impossible de survivre en ce moment quand on a des enfants. Ceux qui sont contraints à l'exil, c'est qu'ils n'ont pas cette protection, ni même celle d'un parti ou d'un syndicat, et je comprends qu'ils quittent l'Algérie. Moi, je bénéficie des deux.

E. S. – Ta famille t'entretient-elle depuis que tu es traquée?

K. M. – Bien sûr, et c'est complètement naturel pour elle. Quand tu es condamné à mort, tu n'as plus rien, tu dois renoncer à ton travail, changer de lieu tout le temps, toutes les semaines pratiquement. Il te faut des appartements pour te cacher, des voitures pour tes déplacements parce que tu ne peux plus prendre le volant toi-même, de l'argent pour la nourriture, bref un réseau. Mon père tout seul, avec sa petite retraite de secrétaire général de mairie, n'aurait rien pu faire. Mais ceux de mes sept frères et sœurs qui en ont les moyens se cotisent tous les mois pour me donner l'équivalent de mon salaire de professeur, plus même. Quand j'ai besoin d'aller à l'étranger pour des conférences, pour l'action militante, ils payent mes billets d'avion. Un jour, je leur ai dit que tout ça était trop cher pour eux. Ils m'ont répondu : « C'est notre façon de te soutenir. » Ils sont extraordinaires. Ça aussi, c'est de la résistance, celle de l'ombre, discrète, efficace, déterminée. Ma mère reste à la maison, ne se mêle pas de la vie politique, mais c'est la plus grande militante que je connaisse! Beaucoup de mes amies, engagées dans le même combat que moi, n'ont pas cette chance. Certaines ont été reniées par leurs parents ou répudiées par leur mari. Et pourtant, elles continuent à se battre! Dans mon clan plus élargi, il y a même quelqu'un qui a long-temps appartenu à un haut niveau au pouvoir FLN, qui est en total désaccord avec mes options, et inversement : cela ne l'a pas empêché de m'abriter pendant un temps. Sans la solidarité familiale et militante, j'aurais crevé dix fois depuis deux ans.

E. S. – Tu vis à Alger mais tu es kabyle, et le clan en Kabylie peut être redoutable si on touche à un de ses membres. On l'a vu lors de l'enlèvement du chanteur Matoub Lounès, qui a eu la vie sauve grâce à ça...

K. M. – Que les intégristes essayent de toucher à un des mes cheveux, et ce sont d'abord mes quatre frères qui se chargeront de le leur faire payer. Inutile même de déranger mes oncles! Mais si cela devait arriver, c'est tout mon village qui se mobiliserait. L'esprit clanique de défense, ce n'est pas un vain mot, chez nous. Peut-être est-ce pour ça que les islamistes, qui ont, une fois, totalement saccagé

16

l'appartement d'un de mes frères en son absence, n'ont rien tenté d'autre.

E. S. – Jusqu'à quel point as-tu peur?

K. M. – Je suis une grande peureuse, vraiment. Je ne veux pas mourir et j'ai peur de mourir. Je crois que vis-à-vis de soi-même il faut reconnaître ce genre de sentiment. Ne t'en fais pas : il m'arrive très, très souvent de me regarder dans la glace le matin et de m'avouer : « Khalida, tu as peur! » A partir de là, si cette peur te domine, tu es foutue. Qu'ils te tuent d'une balle ou que tu lâches dans ta tête, leur but est atteint. Or je ne suis prête à mourir ni physiquement ni symboliquement. Alors, je me dis : « Donc, tu dois trouver les moyens de dominer cette peur. » Et je passe ma vie depuis deux ans à trouver ces moyens-là.

E. S. – Lesquels?

K. M. – J'ai appris qu'il y a deux pièges à éviter absolument : celui de la honte et celui de la haine.

E. S. – C'est-à-dire?

K. M. – Dans des situations de vie ou de mort comme celles que nous vivons en Algérie, où les affrontements idéologiques sont extrêmement durs, tout est bon pour essayer de discréditer un ennemi politique. Or j'en suis un pour la quasi-totalité des forces en présence puisque je conteste les islamistes, le FLN, les militaires qui sont aujourd'hui aux commandes, et que je réclame une vraie démocratie républicaine pour mon pays. Au fil des mois, les rumeurs, les articles de journaux haineux se sont multipliés contre moi. J'ai tout entendu, tout lu sur mon compte, venant de tous bords : que je suis un flic, un agent de la sécurité militaire et du pouvoir, que je me suis tirée au Canada en emportant la caisse de l'association féministe que je préside, et d'autres amabilités. Évidemment, on est impuissant contre ces calomnies, et pendant longtemps j'ai eu des moments de déprime terrible, je m'indignais et je ressassais, ça m'abîmait, je me dégradais. La honte. Et puis, j'ai compris que si j'en restais là, j'étais cuite. Alors, je me suis efforcée d'apprendre à garder mon sang-froid devant ces attaques. J'ai su que j'avais gagné quand, après une nuit d'insomnie passée à réfléchir, j'ai décidé de ne pas répondre à un article précis, particulièrement injurieux. Depuis, je n'ai plus dévié de cette ligne. Je me suis juré de ne jamais me livrer, moi non plus, à ce genre d'assassinat par les mots. Faire échec à la mort, ça commence par ne pas se tuer soi-même, d'aucune manière. Mon père s'est rendu compte du changement. Les rares fois où nous nous rencontrons, il me regarde et il me dit : « Décidément, tout ça t'a mis du plomb dans la cervelle. »

E. S. – De quoi as-tu peur encore ?

K. M. – De la folie. De la folie à laquelle peut conduire cette vie de rat dans laquelle on perd tous ses repères. Il m'arrive de me demander comment nous ressortirons de là, tellement nous sommes usés nerveusement. Bien sûr, il y a la clandestinité, l'action qu'il faut continuer malgré les obstacles, la solitude. Mais sais-tu ce que c'est que de voir tous tes amis enlevés, pris en otages, abattus les uns après les autres ?

E. S. – Revenons à ces repères perdus, si tu veux bien. Quel a été le plus important ?

K. M. – Le boulot, et de loin. Pour moi, être professeur de maths, c'était toute ma vie. Tout était structuré dans mon existence autour de l'enseignement. J'ai toujours été une grosse bûcheuse, mais j'ai très vite sublimé la contrainte, pour faire du travail... un lieu de bonheur, voilà. Quand j'en ai été privée, c'est comme si je n'avais plus eu de colonne vertébrale. Et puis, ne plus posséder de chez-soi, ne plus y recevoir ses amis, ne plus y faire ces choses anodines auxquelles on ne pense pas quand on est libre, ça aussi, c'est difficile. Par exemple, lorsque tu rentres chez toi, tu balances ton cartable dans son coin. Le cartable a son coin : fini! Même chose pour les objets de ta salle de bains, pour tout. Et puis, si on veut échapper aux donneurs de mort, il ne faut plus avoir d'emploi du temps, plus de coordonnées, plus d'habitudes, plus de point fixe. Ça te perturbe énormément, cette instabilité obligatoire. Je fais traîner les nuits, et après je fais des rêves de violence, j'ai un sommeil très agité. Maintenant, les insomnies du petit matin, je sais ce que c'est! Et c'est là que j'ai peur de devenir dingue, comme je te le disais. Tu es crevée, tu as l'angoisse, la boule dans la gorge, tu ne supportes plus de rester allongée, tu ne veux pas rester seule. Si tu as quelqu'un à côté de toi, qui doit aller travailler, tu ne veux pas le réveiller. Alors, je prends un bouquin, le substitut de l'aube. Pour ne pas être seule. Les premières pages, je ne les vois pas. Après, je rentre dans le livre, et au bout d'un moment je me rendors. Quand je me réveille, il est 10 ou 11 heures, moi qui étais debout à 6, avant...

C'est une drôle de vie. L'un des moments où j'en ai le plus conscience, c'est quand je rentre de l'étranger. Je voyage sous mon nom, avec mon vrai passeport. C'est une décision que nous avons prise dans mon mouvement, parce que nous refusons de nous comporter dans notre pays comme des clandestins à l'étranger. C'est risqué. Encore plus depuis la prise de l'Airbus d'Air France en décembre, parce que maintenant nous sommes contraints de prendre Air Algérie, et qu'il est encore plus aisé pour des agents du pouvoir ou du FIS de nous repérer sur cette compagnie. Mais nous assumons ce risque. Ça veut dire quoi? D'abord, que je ne réserve jamais ma place. Ensuite, que je reste un minimum de temps à l'aéroport Boumediene, où des militants m'attendent et m'encadrent. Puis, je saute comme une voleuse dans une voiture, jamais la même, et là je me déguise pour ne pas être reconnue aux différents barrages, et je vais me planquer. Il est hors de question de traîner dans Alger pour respirer l'air marin... Or à Alger, tout de suite quand tu arrives, tu es chouchoutée par cette odeur de mer. La mer... Je ne peux même plus la regarder! Je la regarde sur les cartes postales, j'en ai plein! Tu te rends compte... Vivre là, dans ce croissant baigné de mer, et ne plus y être...

Surtout que les espaces de liberté sont de plus en plus difficiles à ménager. Parce que lorsque tu es une militante, une responsable politique, tes camarades attendent de toi que tu sois toujours présente, même si tu es dans la clandestinité. Comme nous avons vécu à huit dans trois pièces avec mes frères et sœurs, et que j'ai fait sept ans d'internat, j'ai appris toutes les stratégies pour me préserver un espace vital, mine de rien. Mais le problème, c'est quand on te surveille : les copains qui se dévouent pour me garder, je ne peux pas les mettre dehors, bien sûr. Parfois, ce sont des femmes, mais en général des hommes. Je finis par ne plus sentir que j'ai sur moi des regards d'hommes. C'est la garde, point. Sans eux, sans leur dévouement magnifique de chaque instant, je ne pourrais plus rien. La souffrance est ailleurs. Dans le fait que tes désirs les plus naturels, comme de voir ta mère par exemple, ou d'autres gens que tu aimes, doivent être discutés. Il faut que les militants en débattent, décident, puis planifient ma sortie, ou mon retour quand je suis à l'étranger. Tu n'as plus d'intimité, plus rien à toi. Tu es obligée de dire, alors que tu voudrais garder ces dernières choses essentielles pour toi. Tes désirs deviennent publics.

E. S. – Alors, comme à l'évidence tu n'es pas abattue, comment t'en sors-tu?

K. M. – Par la vie, tiens! Quand je vois ma mère, après avoir bien pleuré sur sa poitrine, je me mets à chanter – j'étais dans la chorale au lycée! –, je me mets à faire des youyous, à danser. Même seule, je danse beaucoup, beaucoup. J'essaye et je réussis à agir sur mes manies : c'est un exercice d'affirmation de soi, un pied de nez aux habitudes qui, dans de telles circonstances, peuvent être mortelles. Comme je suis un peu tordue, moi qui suis une maniaque du rangement, eh bien! j'ai décidé de devenir désordre : c'était un des plus gros défis que je pouvais me lancer. Ah, ce sont des exercices terribles! Quoi encore? Partout, j'emporte avec moi mon fameux cartable vert de prof, il est devenu ma maison, mon moi, à lui seul. Dedans, il y a ma trousse de maquillage, ou au moins mon rouge à lèvres. Avant, quand j'exerçais mon métier, je ne me maquillais pas. Une douche, et hop! Mais depuis que les intégristes m'ont condamnée à cette vie, et parce qu'ils interdisent le rouge et le khôl aux femmes, alors je prends grand soin, chaque jour, de me farder. C'est une de mes façons de leur dire merde. Pour moi, il est absolument hors de question de flancher. Encore moins quand je suis enfermée dans un appartement. Après m'être levée, je prends mon thé, et je commence à me préparer. Avec un soin infini, à l'opposé de ce que je fais en temps normal; je peux y passer des heures. J'ai appris le plaisir de la Nivea que je rapporte de Paris et dont je fais une consommation effrayante. Je mets un point d'honneur à avoir l'air très net, à être bien habillée, à me présenter correctement au regard des autres, mes gardes ou ceux qui viennent me voir. Rester debout, c'est capital. Je dois rester debout à chaque instant, pour moi, et pour eux qui y puisent une force. Debout.

E. S. – Et s'il t'arrivait d'être enlevée?

K. M. – Tu peux imaginer que j'ai souvent pensé à cette éventualité. Je suis au clair. Je sais que moi qui passe mon temps dans l'affrontement politique le plus dur, qui m'engage totalement dans l'action, qui n'ai pas peur du combat – du moins je le crois –, j'ai une horreur physique du conflit personnel. Tant qu'il s'agit des idées, tout va bien. Dès qu'il s'agit d'un individu, j'ai la trouille. Je suis tout à coup sans moyens. Alors, devant les tortionnaires du FIS, avec leurs couteaux et leurs haches, tu vois un peu! Je pourrais peut-être trouver la ressource de ne pas hurler, et encore, je n'en suis pas sûre. Donc, j'aimerais bien avoir en permanence une grenade sur moi, pour me faire sauter, et eux avec. Mais les autres responsables du mouvement ne veulent pas en entendre parler. A vrai dire, je ne m'appesantis pas là-dessus. Quand on passe au travers de la mort, on ne pense plus qu'à la vie. Depuis que j'ai reçu le communiqué du bras armé du FIS, chaque minute, chaque jour, chaque semaine, chaque mois vécu, je l'appelle « tout bénéf ». Demain, ça fera combien? Deux ans. Et crois-moi, l'année « tout bénéf », c'est beaucoup plus qu'une année normale!

Chapitre 2

L'ISLAM DE MA JEUNESSE

Elisabeth Schemla – A quatre ans près, puisque tu es née en 1958, tu as l'âge de ton pays. Tu as grandi en même temps que lui, l'indépendance étant pour toi une donnée naturelle. Tu appartiens donc à la première génération de jeunes Algériens qui inscrit son destin dans l'Algérie de l'après-guerre de libération. Quelles en sont les conséquences?

Khalida Messaoudi – Elles sont énormes. D'abord, nous sommes les héritiers directs des héros de la libération, nous sommes fils et filles de la liberté, de la dignité retrouvées. Globalement, nous admirons nos parents qui ont su, chacun à sa façon, résister à la France coloniale. Par ailleurs, nous savions que parvenus à l'âge adulte, nous aurions à construire l'Algérie. C'était très excitant, puisque après le grand vide laissé par les Français, nous allions former la première vague de cadres qui, en tous domaines, devraient faire marcher le pays. Tout le monde comptait sur nous. Il y a là deux éléments capitaux pour expliquer que ma génération, et probablement elle seule, est une génération sans complexe, sans honte, sans peur de l'avenir. Au contraire! Je veux dire que nous n'avons, que je n'ai pas de comptes à régler avec des ennemis. Pour nous, par exemple, la France est un pays étranger comme les autres. Certes, un pays avec lequel nous avons eu une histoire, mais par rapport auquel ma génération ne passe pas son temps à se définir. Notre victoire n'était pas, à nos yeux, une victoire contre un peuple mais contre un système colonial. Ce n'est pas le cas de ceux qui ont été au pouvoir et qui le restent : leurs références idéologiques ont été l'islam, la langue arabe classique et la guerre de libération, qu'ils ont utilisés comme fonds de commerce pour nous imposer une identité exclusivement arabo-islamique. Ce ne sera pas non plus le cas de la génération suivant la mienne, si importante démographiquement puisque 70 % des vingt-six millions d'Algériens ont moins de trente ans. Eux ont un énorme problème d'identification : leurs pères n'ont pas libéré le pays, ils ne sont pas vécus comme les « forces vives » de la nation mais comme des boulets. L'école algérienne ne leur transmet qu'une référence, l'islam domestiqué par des incultes et des charlatans. Leur famille ne les protège plus. En face, un parti arrive et leur dit : votre malheur vient d'où ? De l'autre. Il leur invente un ennemi contre lequel ils vont se définir. Et l'autre, c'est la femme, le laïc, l'artiste, l'étranger, le chrétien, le juif...

Si tu ne comprends pas la psychologie politique, les fondements de la personnalité individuelle et collective de ceux qui ont aujourd'hui entre trente et cinquante ans en gros, je prétends que tu passes à côté des enjeux. Prends quelqu'un comme moi : je suis à la charnière entre les vieux du FLN qui ont mis l'Algérie en coupe réglée depuis bientôt trente-cinq ans, qui l'ont dénaturée, et les jeunes quasiment analphabètes, sans emploi ni logement, que l'intégrisme fascine. Je ne veux ni de l'une ni de l'autre société, et je me bats depuis 1979 pour un modèle différent. Ce modèle, dans ses grandes lignes, est partagé par toute ma génération, même si elle n'est pas massivement engagée dans la résistance politique. A nous tous, nous représentons une très grande part de la société civile, grâce à laquelle notre pays tourne encore malgré la violence. Le malheur, le malheur profond, c'est qu'on nous assassine les uns après les autres, que tout le monde fait comme si nous n'existions pas, comme si le projet d'une démocratie laïque en Algérie était le seul qui n'ait droit ni au respect ni aux encouragements. Le vrai scandale, semble-t-il, c'est nous. Il y a de quoi hurler. Ou de quoi avoir la tentation, parfois, de prendre les armes!

E. S. – Venons-en à toi, à ton histoire personnelle. Et d'abord, parlons de l'islam que ta famille pratiquait, au moment de l'indépendance et jusqu'à aujourd'hui.

K. M. – Je suis née dans un village typiquement colonial, Aïn-Bessem, à cent dix kilomètres d'Alger. Mais mon village d'origine est un village de Kabylie. Il est situé à une vingtaine de kilomètres de Tizi-Ouzou. Il s'appelle Sidi-Ali-Moussa, c'est un village maraboutique qui a une zaouia, et ma famille, les Toumi – du nom patronymique que les Français nous ont imposé au XIXe siècle –, est la famille marabout qui règne sur le village. Je suis donc moi-même une marabout.

E. S. – Avant d'aller plus loin, veux-tu expliquer de quoi il s'agit?

K. M. – Il faut remonter au VIIIe siècle, au temps où des musulmans pénètrent en Kabylie pour convertir les Berbères à l'islam. Parmi eux, Sidi Ahmed ben

Youssef qui s'installe dans mon village, y fonde une institution, la zaouia, où il transmet aux habitants la parole de Dieu et de son Prophète, Mohammed. Il n'a pas d'enfants mais des disciples, et parmi eux Sidi Ali Moussa, qu'il adopte et dont je suis la descendante directe. Lorsqu'il meurt, on lui dresse un mausolée, et mon ancêtre agrandit la zaouia, la transforme en un institut de renommée où viennent étudier des musulmans de tout le Maghreb. On y est interne et on y obtient un diplôme. Quand Sidi Ali Moussa disparaît à son tour, le village lui construit un autre mausolée. Depuis lors, les tombeaux des deux sages sont des lieux de pèlerinage. On les vénère, on vient leur déposer des offrandes, argent, bijoux, moutons, pour qu'ils intercèdent auprès d'Allah quand il y a un malheur ou qu'on voudrait voir un vœu exaucé. Moi, j'adore ces cérémonies joyeuses, où les femmes qui sont enfermées toute leur vie, réduites au silence éternel, viennent se défouler pendant quelques heures. Toute la nuit, elles font du tam-tam, et elles dansent, elles dansent, elles dansent. C'est presque de l'exorcisme, mais qui ne fait de mal à personne. Nous sommes au cœur de cet islam confrérique, typiquement algérien, que l'on retrouve dans toutes les régions : il constitue notre vraie personnalité religieuse. Déjà le mouvement des oulémas fondamentalistes avait commencé à le combattre en 1936, le FLN a continué, mais aujourd'hui ce sont les intégristes qui l'ont pris en haine et veulent l'éradiquer sous prétexte d'un « retour aux sources ». Quel retour aux sources ? Ça me fait rigoler ! La source, c'est cet islam-là, chez nous.

Pour revenir à la zaouia, ce n'est pas seulement un lieu de transmission du savoir religieux où l'on enseigne le Coran (la parole de Dieu), les hadiths (les dires du Prophète) et le fiqu (le travail d'interprétation et d'exégèse des grands oulémas dont se réclame la zaouia). On y apprend aussi la géographie, la littérature et la langue arabes. Et puis le marabout, chef de ces institutions locales marquées par le type d'organisation sociale du Maghreb, qui n'a rien à voir avec celle du Moyen-Orient, disait aussi la jurisprudence et le droit coutumiers, il mariait, tranchait les litiges de la transmission patrimoniale, sans aucune gêne par rapport au pouvoir central. S'il y a bien une région où l'islam a dû s'adapter aux coutumes, c'est la Kabylie. Cette situation a perduré au long des siècles, jusqu'à Boumediene. Il a cherché à mettre un terme, ou presque, à ce pouvoir local, en faisant passer les zaouias sous le contrôle du ministère des Affaires religieuses, c'est-à-dire de l'État. L'un de ses mobiles, outre qu'il voulait « casser » les structures populaires, était que sous la colonisation française, nombre de zaouias avaient incontestablement été collabos. Pas la mienne en tout cas, qui a servi de cache pour la préparation de l'insurrection du 1er novembre, puis pendant les années de guerre, ce que relate l'un des héros de la libération, Ali Zamoum, dans son livre *Le Pays des hommes libres.*

E. S. – Le Coran, tu connais donc...

K. M. – Et comment ! J'ai été élevée au Coran, et je l'ai étudié de bout en bout. Nous en avions un très bel exemplaire entièrement manuscrit qui nous venait de mon grand-père. Quand j'étais petite, mon père nous expliquait que dans les bonnes familles cultivées, le Livre saint devait être écrit à la main. A Aïn-Bessem, où nous occupions une petite maison abandonnée par des Français en 1962, il était enfermé dans le buffet. Nous l'apprenions, mais jusqu'à un certain âge nous n'avions pas le droit d'y

27

toucher. Ensuite, n'y avaient accès que ceux d'entre nous qui savaient lire parfaitement et avaient une bonne diction. Mais il fallait quand même demander l'autorisation. Mon père nous faisait passer un interrogatoire : « Khalida, t'es-tu lavé les mains ? – Oui. – Bien. Mais as-tu menti aujourd'hui ? – Oui. – Alors, tu n'y touches pas ! » Et ma grand-mère analphabète relayait parfaitement mon père lorsqu'il n'était pas là. Bref, accéder à ce Coran était un honneur qu'il fallait mériter, et nous y tenions tous. Je raconte ça parce que, lors de la grande manifestation de désobéissance civile organisée par le FIS en mai et juin 1991, j'ai eu un choc terrible en voyant des gamins défiler dans les rues avec le texte sacré en main, et le poser sur le trottoir. Pour moi, c'était un geste impie.

E. S. – Un jour, sans crier gare, ton père cesse d'aller à la mosquée, et tu en es très impressionnée. Pourquoi prend-il cette décision ?

K. M. – Parce qu'il a refusé que sa pratique religieuse soit gérée, décidée par le pouvoir FLN, l'État. C'est ce qui venait de se produire avec la création d'un ministère des Affaires religieuses qui mettait les mosquées et les imams sous tutelle. En matière de religion, mon père a toujours eu deux principes qui m'ont fortement marquée. Un : tout ce qui est ostentatoire est détestable. Il a une sainte horreur des cris, des youyous, des pleureuses. Il m'a dit une fois, et ça m'a servi pour la vie : « Khalida, quand on est une musulmane, on n'a pas besoin de l'afficher sur son front. Ceux qui font ça, il faut s'en méfier, ils ont un problème. » Deux : chacun est responsable de lui seul, et pour lui seul, devant Dieu.

J'avais donc six ou sept ans. Je me souviendrai toujours de ce vendredi. Comme chaque semaine, mon père avait revêtu son sarouel, ce pantalon large, long, plein de plis, mis son gilet, ses chaussures de cuir et sa chéchia sur la tête. Et il est parti pour la mosquée où officiait notre imam, qui répondait à tous les critères de la charia : il était marié, il avait un emploi car on ne voulait pas d'un oisif, il était d'un certain âge afin que son parcours témoigne de sa sagesse. Mais ce jour-là, au lieu de revenir une heure plus tard comme d'habitude, mon père est rentré dix minutes après. C'est un homme avare de paroles, il n'a pas ouvert la bouche. Mais à partir de cet instant, je ne l'ai plus jamais vu retourner à la mosquée. Ce n'est que beaucoup plus tard qu'il a répondu à mes questions. « Ce qui s'est passé ? Quand je suis arrivé à la mosquée, notre vieil imam avait disparu. Le ministère des Affaires religieuses en avait nommé un de son cru, un berger, un maquignon, un ignare sans foi ni loi. Tu sais, ma fille, quand tu donnes la religion à ce genre de gens, un jour ou l'autre, ça se retourne contre tout le monde. Moi, je ne pouvais pas prier derrière cet homme. J'ai fait en mon âme et conscience... » J'en ai déduit que le mieux est de respecter le statut privé de la croyance.

E. S. – Tu disais tout à l'heure que l'islam de ton enfance était joyeux. Était-il si différent de celui qui se pratique aujourd'hui ?

K. M. – Oh oui ! Surtout du côté des femmes ! Ce sont elles qui transmettent la tradition d'une façon humaine, sensuelle, tout simplement parce qu'elles sont aux fourneaux pour les fêtes religieuses, et qu'elles en font des moments de grande gaieté. Le meilleur exemple de la différence entre hier et aujourd'hui, pour moi, c'est le ramadan. Ma grand-mère me parlait du ramadan comme si c'était un homme : « Sidi Ramdan va arriver et rester pendant un mois. Alors il faut laver la maison à grande eau, la décorer pour lui, sortir les marmites, préparer la pâte pour la chorba[1]. » Si bien que, longtemps, j'ai cru qu'il s'agissait d'un homme, et je demandais : « Quand est-ce que Sidi Ramdan sera là? » Ma grand-mère m'expliquait encore que si tout était bien en ordre, les houris, les vierges éternelles du paradis, seraient contentes. Plus tard, quand je suis allée au lycée où j'aurais dû faire le jeûne – dans l'islam, les filles en ont l'obligation à partir de leur puberté –, elle m'en a dispensée. Elle me racontait, elle qui n'était jamais allée à l'école, que pour Dieu, quand tu fais des études, le ramadan, c'est tes études. Mon imam préféré me déculpabilisait! Bien sûr, c'était un islam un peu païen, mais tellement sincère, et pieux. Quand je le compare avec ces ramadans que les intégristes nous proposent, j'en ai les cheveux qui se dressent sur la tête! Le leur est mortifère. Ils s'arrogent un pouvoir de contrôle illimité sur l'observance des préceptes religieux, tels qu'ils les entendent. Pas de chants, pas de bougies, pas de danses, pas de Sidi Ramdan ni de houris. Avant les élections de 1991, des milices du FIS ont interdit des spectacles durant ce mois, ils investissaient des cafés en plein Alger pour jeter à la rue des consomma-teurs qui jouaient aux dominos. Plus aucun Algérien n'ose manger publiquement, de crainte des repré-sailles. Tristesse obligatoire. Ce qui était fête devient punition, ce qui fait le sel de la vie est péché. Tiens, certains islamistes du FIS ont interdit le Mouloud, qui commémore l'anniversaire de la naissance du Prophète. Ils considèrent que c'est une bidaa, une innovation hérétique de l'islam algérien. Le Pro-phète, disent-ils, n'est pas né musulman, donc nous n'avons pas à fêter cet anniversaire. Avec eux, tout

---

1. Soupe à l'agneau, tomates et coriandres.

est bidaa. Avec ces fous, si ma grand-mère sortait de sa tombe, elle serait assassinée pour incitation à la débauche. Depuis février-mars 1994, ce mois de ramadan est d'ailleurs devenu le plus ensanglanté de l'année. D'abord il y a eu, entre autres, le meurtre de Katia Bengana, une jeune lycéenne de dix-sept ans, parce qu'elle avait refusé de porter le hidjab malgré la sommation du GIA. Puis celui de mon ami Ahmed Asselah, directeur des Beaux-Arts, et de son fils unique Rabah, à l'intérieur même de l'école. Avec l'attentat à la voiture piégée d'Alger, en février dernier, le GIA a transformé le ramadan en mois de l'horreur.

E. S. – Dans ta famille immédiate, qui a fait le pèlerinage à La Mecque ?

K. M. – Personne, en dehors de ma grand-mère maternelle... qui y est allée trois fois ! Le lieu saint, comme tu peux l'imaginer, est profondément respecté. Mais pas la famille royale saoudienne qui en est la gardienne. J'ai été élevée dans le mépris de cette caste. On m'a toujours expliqué qu'elle est esclavagiste et corrompue. Corrompue moralement surtout. Depuis mon plus jeune âge, à la maison, on m'a appris que ce pouvoir est un des plus injustes qui soient ; j'ai entendu parler des mains coupées pour les voleurs, du fouet pour les femmes adultères. On me disait que ces gens sans scrupules – pas le peuple mais les dirigeants – ont des mœurs barbares, maltraitent honteusement les femmes et les enfants. On ne me disait pas clairement de quoi il s'agissait pour les enfants. J'ai compris toute seule, ensuite, que c'étaient des abus sexuels. Plus tard, mes lectures et les témoignages d'amis du Proche-Orient qui ont longtemps vécu là-bas, sont venus me confirmer ce qui se passe en Arabie Saoudite et dans les pays du Golfe.

E. S. – Quand t'es-tu vraiment interrogée sur la foi, la religion?

K. M. – A l'adolescence, bien sûr, en classe de seconde. N'oublie pas que je suis une matheuse. J'étais, et je reste, une passionnée de la démarche rationnelle. Je me posais les questions classiques sur l'existence de Dieu, mais chaque fois que j'essayais de la démontrer par un raisonnement logique, c'était raté! Je n'arrivais pas à toucher Dieu, à le palper par la connaissance intellectuelle. Et puis je m'interrogeais sur les conséquences concrètes de la croyance, des coutumes musulmanes.

E. S. – Par exemple?

K. M. – Par exemple, je voulais savoir quelles pertes pour le cheptel algérien représentait l'ensemble des moutons tués pour la fête de l'Aïd. Ou encore le pèlerinage de La Mecque, justement. Je me suis mis en tête de calculer ce que les pèlerins algériens dépensaient au total, chaque année, pour aller là-bas. Je me suis rendu compte que ça représentait tant de bibliothèques municipales, tant de cinémas qu'on ne construirait pas. Et je faisais part à mon prof de maths de mes conclusions, pour en discuter. Je ne savais plus où j'en étais. Et voilà que ça débouche, en première, sur une crise mystique.

E. S. – Quel en est le prétexte?

K. M. – Le choc provoqué par la mort de ma grand-mère, que mes parents m'ont cachée, pour ne pas me faire de peine. Puisque mon imam préféré n'était plus là, il fallait bien qu'il soit quelque part. Alors je me suis dit: « Cette force qui l'a prise et m'aide à surmonter la douleur, que je ne connais pas et que je ne peux expliquer, c'est Dieu. » Une fois pour toutes, j'ai adopté cette définition, et depuis je vis avec.

E. S. – Contrairement à ce que prétendent de toi les islamistes, tu n'es donc pas athée ?

K. M. – Pour eux, tous ceux qui ne sont pas intégristes sont athées. C'est le propre d'une vision religieuse totalitaire, et c'est pour cela que, contrairement à une idée encore assez répandue, l'écrasante majorité des victimes de l'islam politique sont des croyants. Non, je ne suis pas athée. En quelque sorte, je suis déiste, mais mon Dieu n'a rien à voir avec celui des égorgeurs et violeurs du FIS.

E. S. – Forte de cette conviction définitive, tu deviens une musulmane pratiquante dans le lycée où tu es interne...

K. M. – J'achète un Coran que je lis dans le dortoir à la lueur d'une lampe de poche, et un petit tapis. A l'abri des regards, je fais ma prière tournée vers La Mecque, comme ma grand-mère, le matin et le soir. C'était rare de voir un jeune faire ça en Algérie. La prière, à mon époque, c'était pour les vieux et les vieilles.

E. S. – Pourquoi ne fais-tu pas la prière cinq fois par jour, comme il se doit ?

K. M. – Mais il ne se doit pas du tout ! Je mets quiconque au défi de trouver dans le Coran un seul verset qui indique le nombre et l'heure des prières quotidiennes. Foutaise ! Et puis, je n'allais quand même pas interrompre les cours plusieurs fois par jour, sortir de classe, non ? Jamais je ne l'aurais admis, et je ne l'accepte pas plus aujourd'hui. Or, c'est ce qui arrive dans toute l'Algérie, et j'y ai été confrontée quand j'étais enseignante. Pour être passée par là moi-même, je comprenais parfaitement mes élèves. Mais je n'ai jamais toléré que l'une d'entre elles prétende aller se prosterner, en plein cours de maths. Je fixais les règles du jeu, toujours en dialoguant, en utilisant l'argument logique : « Mademoiselle, je respecte votre décision, car moi aussi, j'ai prié lorsque j'avais votre âge. Mais il est hors de question que vous ne respectiez pas mon cours. Si vous choisissez de sortir, vous ne réintégrerez la classe qu'avec le professeur suivant. » Je n'ai pas eu d'exemple d'adolescente préférant, en dernier ressort, la prière à l'éducation. D'autant que l'islam permet de rattraper les prières manquées pour cause de travail. Il est vrai que ce n'était que le début de la percée intégriste et que ces élèves étaient encore très isolées.

E. S. – Donc, tu as dix-sept ans et tu pries...

K. M. – Et un jour, je commence à être troublée par la position du fidèle dans la prière musulmane. Va savoir pourquoi... Sans doute parce que je suis une femme. Se prosterner la tête contre terre, je trouvais cela humiliant. Je me mets à chercher dans le Coran à quelles directives ça répond : rien. Je me suis dit : « J'ai une grande et belle idée de Dieu. Je ne vois pas pourquoi je vais la rabaisser en adoptant une position d'esclave inventée par des Bédouins esclavagistes de l'Arabie Saoudite. Dieu, chez nous, c'est autre chose. » Et j'ai décidé de faire ma prière autrement que les musulmans. Ça ressemblait à du yoga et c'est ainsi que je priais. Une fois, mon père m'a trouvée dans cette position. Je lui ai expliqué mon affaire. Il m'a prévenue : « Tu ne respectes pas la tradition. Tu es même en train d'en sortir. Il faut que tu saches que tu vas avoir des problèmes avec les autres, parce que cette prosternation que tu remets en cause a été adoptée par les musulmans du monde entier. Pour eux, tu n'es pas en train de prier. – Mais pour Dieu ? – Pour Dieu, oui, mais tu auras des problèmes. » J'ai quand même continué. Jusqu'à deux mois avant le bac. Alors j'ai vu les filles les plus mécréantes se mettre à prier pour obtenir leur examen. A mes yeux, c'était une tentative de corruption de Dieu. Nous étions en 1977. J'ai fait le point sur tout ce que j'avais observé, vécu, de la foi et de la religion. J'ai rangé mon tapis dans un couffin, j'ai décrété que j'en avais fini avec toutes ces simagrées et ces hypocrisies, et que j'en restais à mon idée personnelle de Dieu. J'étais définitivement devenue une musulmane laïque. Et que personne, personne ne vienne jamais plus m'emmerder là-dessus!

Chapitre 3

LES FEMMES DU « DEDANS DU DEDANS »

Elisabeth Schemla – Le monde des femmes...
Venons-en à lui, tel que tu l'observes et le vis pendant toutes ces années de jeunesse, tel qu'il te
conduira très vite, à vingt et un ans, au féminisme
militant. Est-il plus clos, plus rigoureux encore dans
la culture kabyle que dans les autres, bien que l'on
ait tendance à croire cette culture plus démocratique, plus ouverte?

Khalida Messaoudi – L'« ouverture » de la culture
kabyle est une légende, et il faut arrêter de se garga-
riser sans arrêt avec ça. Moi-même, je revendique
ma berbérité, ma langue, mes héros et mes héroïnes,
ma cuisine, mes chanteurs, mes poètes, parce que
ma personnalité algérienne est faite aussi de ces
racines kabyles. Y renoncer serait une mutilation.
J'y vois au contraire une richesse supplémentaire –
non pas unique –, et j'adhère de tout mon être au
mouvement culturel berbère. Mais... car il y a un
mais, je crois trop à l'universel, au rôle d'un État
fort, au modèle républicain que la France nous a
légué, pour admettre un régionalisme qui se défini-
rait « contre » les autres, même si aujourd'hui la
grande majorité de la Kabylie est un avant-poste de

la résistance contre le pouvoir et contre l'inté-grisme, ce qui brouille le paysage. Comme nous reparlerons sûrement de tout ça, je reviens aux femmes de mon univers.

Je voudrais te montrer à quel point, en Kabylie, la situation était différente de ce que l'on imagine. Je te disais tout à l'heure que l'islam, chez nous, a été obligé de s'incliner devant le droit coutumier. Eh bien, ce droit pouvait être plus obscurantiste que le Coran, lequel, s'il avait été appliqué, aurait marqué un petit progrès. Je vais prendre l'exemple le plus insolent de ce que j'appelle le fondamentalisme ber-bère : celui de l'héritage. Dans le droit coutumier kabyle, les femmes n'ont aucune part de l'héritage. Aucune. Sauf dans le cas où l'homme défunt n'avait que des filles : alors il pouvait faire un testament qui les rendait héritières. Eh bien, sais-tu quand cela a changé ? En 1984, avec ce Code de la famille voté par le parlement FLN que je combats de toute ma volonté : appliqué à tout le territoire national, sur ce point précis de l'héritage, il a permis en Kabylie de modifier un tout petit peu les successions en faveur des femmes...

E. S. – Y a-t-il d'autres exemples de cette spécifi-cité kabyle ?

K. M. – Le statut des veuves. Chez les Kabyles, pour qu'une veuve reste protégée par sa famille, il lui faut soit accepter d'épouser le frère du mort, soit, si elle refuse ces secondes noces, remettre ses enfants au clan du père. C'est une loi d'une dureté épouvantable pour les femmes : comme ces veuves n'ont aucun moyen de subsistance, aucune éduca-tion, elles sont obligées de plier. Moi, j'ai une grand-mère maternelle extraordinaire. A trente ans, elle s'est retrouvée seule avec ses sept enfants, mais elle n'a pas voulu subir le sort classique. Alors la voilà qui affronte sa belle-famille – ma tribu Toumi, tu parles d'un cadeau –, qui prend ses enfants sous le bras et qui reste vivre à Alger, dans la Casbah. Imagine un peu le scandale! Elle n'avait jamais travaillé : elle s'est mise à faire des ménages chez des Français, c'était encore du temps de la colonisation, et sa sœur l'a rejointe avec son mari et gardait ses gosses. Elle a élevé tout ça à la perfection, comme un vrai chef. Elle n'est plus jamais passée par aucun mâle pour éduquer ses sept mômes, et elle a une autorité égale à celle d'un homme du clan. J'ai pour elle une énorme admiration.

E. S. – Quel a été le sort de ta mère?

K. M. – A son époque, toutes les femmes étaient analphabètes. La France coloniale n'accordait pas aux petits Algériens le droit à une instruction normale et dans notre propre culture patriarcale, on ne voyait vraiment pas l'intérêt d'éduquer les filles. A Alger, ma mère a donc eu une chance relative puisqu'elle est au moins allée à l'« école des indigènes », jusqu'au CM 1. Elle y a appris à lire, à écrire et à compter, mais surtout à faire de la couture et à repasser! A la puberté, vers dix ans, ses parents l'ont retirée de là pour la préparer à devenir une parfaite épouse. C'était le seul destin des filles : être mariées et avoir des enfants. Dès leurs premières règles, leur virginité ayant été soigneusement préservée, on les emmenait dans la famille du futur époux, et le mariage était consommé. Ma mère, ça lui est arrivé à quinze ans, et c'était un gros progrès, si j'ose dire, par rapport à ma pauvre grand-mère maternelle qui, m'a-t-on raconté, a été casée à neuf ans! Bien sûr, on ne se mariait qu'entre cousins, pour préserver le clan. Un proverbe dit : « Si tu veux que l'objet soit solide, pétris-le dans ta propre glaise. » Ou alors, plus rarement, on s'alliait à un clan de pouvoir égal. Le groupe familial, c'est vrai, se charge de la fille : elle naît, il la nourrit, l'élève, mais dans le seul but de servir le clan du futur mari, bien sûr. J'ai toujours eu l'impression que c'était comme une histoire programmée dont on ne se sort pas. Ma mère a ainsi épousé sans le connaître un de ses cousins, qu'elle n'avait jamais vu et qui l'a prise parmi plusieurs cousines, sans savoir laquelle lui était destinée. L'amour, sauf si un hasard bienheureux s'en mêlait, ça n'existait pas. Mes parents, pourtant, ont fini par s'aimer, ils sont très liés...

E. S. – Ta mère vivait-elle plus ou moins enfermée ?

K. M. – A Aïn-Bessem, le village où nous habitions, ma mère ne sortait pas de la maison.

E. S. – Jamais ?

K. M. – Pas une fois, en plus de trente ans. Trente ans sans voir la rue. Elle ne connaissait du ciel que le carré sur lequel ouvrait la cour intérieure de la maison. Et à la maison, bien sûr, elle faisait tout. Ma mère aurait été incapable de te décrire Aïn-Bessem. Jusqu'au jour, après mon mariage, où je l'ai obligée à aller au bain seule, pour la première fois.

E. S. – Tu veux dire que même pour ça, elle devait être accompagnée ?

K. M. – C'est pire que tu ne crois. Quand j'étais petite, je ne suis jamais allée au bain avec ma mère. Elle ne s'y rendait qu'avec les femmes de deux autres familles amies, après le coucher du soleil. Les trois maîtres, leurs maris, louaient l'endroit au prix fort pour la nuit entière, car il était inimaginable que leurs épouses soient vues au grand jour.

E. S. – Quand elle allait en Kabylie, peut-être était-elle plus libre?

K. M. – Elle ne sortait pas plus. N'oublie pas que c'est une femme marabout, et que les familles maraboutiques sont les plus atroces pour les femmes. Car ces castes ne tolèrent pas qu'elles travaillent à l'intérieur de la maison, sauf pour cuisiner. Le reste, tout le reste – aller chercher de l'eau à la fontaine ou du bois, faire les commissions, laver –, des femmes non marabouts le font pour elles. Si bien que ma mère ne mettait jamais le nez dehors là non plus, qu'elle était privée de tout contact avec l'extérieur en raison même de ses « privilèges ». Alors que les autres femmes kabyles, non marabouts, circulaient dans le village en tenue traditionnelle, en robe et fota, un foulard sur la tête, le visage découvert. Petite, je trouvais qu'elles avaient plus de chance.

E. S. – Ne se révoltait-elle jamais?

K. M. – Non, car elle n'avait pas le choix, et elle aimait vraiment mon père. A l'intérieur, elle gérait tout avec intelligence et sagesse. Et elle a été un paratonnerre très efficace pour ses enfants contre les autres femmes de la famille, qui veulent toujours s'occuper plutôt méchamment de ce qui ne les regarde pas. Ma mère a exercé sa liberté en faisant passer ses fils et ses filles avant le clan, ce qui est inhabituel. Dans une société où les femmes se taisent ou ne répercutent que les souhaits des hommes, elle parlait pour elle-même et pour nous.

E. S. – Revenons au village kabyle. Tu évoquais des femmes dont le sort te paraissait plus enviable que celui de ta mère. L'était-il vraiment?

K. M. – Eh non! Le fait que ces femmes ne portent pas de voile ne signifie nullement un rapport d'égalité. Une fois pour toutes : il n'y en a pas. Je t'explique. Dans nos villages de montagne, ces femmes travaillent, elles mènent une vie rude. Elles ne peuvent pas porter une robe longue qui entraverait leurs mouvements. Si elles ont des bijoux à la cheville, ce n'est pas pour faire joli, mais pour protéger du regard des hommes cette partie nue de leur corps. Si elles ne portent pas de voile, c'est que dans le village – comme partout dans l'Algérie rurale – la notion d'extériorité n'existe pas. On est entre soi, on est dans le dedans. Ce dedans lui-même est séparé en deux, il y a un partage tacite, une division sexuelle de l'espace : certains chemins sont réservés aux femmes et aucun homme n'a le droit d'y circuler lorsqu'elles y passent. Ainsi le premier regard extérieur, celui de l'autre sexe, est-il empêché. Même la mosquée, le lieu de la prière et de la foi, leur est interdite, car la mosquée se situe dehors. Et quand un étranger arrive, il est immédiatement pris en charge par les hommes. Alors, pourquoi les femmes se voileraient-elles? Pour en revenir à ma mère et aux femmes de ma famille, je les appelle donc celles du « dedans du dedans ».

E. S. – Dans ce système clanique que tu décris, la virginité joue un rôle capital. Tu as été élevée dans cette perspective...

K. M. – Oui bien sûr, et par les femmes! Les hommes – dont tout l'honneur se niche dans cette petite membrane qu'est l'hymen de leur fille ou de leur sœur – ne se chargent pas de cette éducation. Les gendarmes de la virginité, les relais du système patriarcal qui les opprime, ce sont les grand-mères et les mères. Elles peuvent devenir redoutables à l'égard de leurs filles qui ont « fauté » avant le mariage. J'ai des souvenirs d'enfance abominables. Pas loin d'Aïn-Bessem, j'ai vu des femmes que leur belle-famille renvoyait le lendemain de leur nuit de noces, parce qu'elles n'étaient pas vierges. On leur rasait le crâne pour les marquer du sceau de leur infamie, et on les mettait sur une carriole qui traversait le village. Je ne comprenais pas pourquoi les gens faisaient ces choses horribles. Ma grand-mère me disait : « Ce sont des barbares, chez nous, nous ne faisons pas ça. » Plus tard, elle m'a raconté que nos vieilles avaient toujours un coq ou une poule sous la main pour le mariage. Si l'épousée n'était plus vierge, elles tuaient l'animal, répandaient son sang sur les draps, et elles l'exhibaient triomphalement. Il fallait sauver les apparences et l'honneur. Mais surtout, protéger le clan et les alliances contractées. C'était primordial. A tel point que tout le monde faisait semblant de gober une croyance qu'on appelle celle de « l'enfant endormi ». Pendant une longue absence de son mari, une femme met au monde un bébé. L'explication ? Elle a bien été fécondée par l'époux, mais, dans son ventre, le sommeil a saisi l'enfant, et il ne s'est développé qu'en se réveillant quelques mois ou années après. Pas beau, ça ? Je suis à peu près convaincue que mon père, s'il avait été concerné, aurait préféré marcher dans cette romance plutôt que de faire éclater sa tribu ! Note quand même que voilà une façon détournée de reconnaître le désir et la sexualité des femmes. Paradoxalement, les familles maraboutiques offrent ainsi un avantage : elles ne lâchent pas les femmes en faute, sinon le prix à payer serait trop élevé, ce serait la rupture du clan. Pour la même raison, on n'y pratique pas la polygamie. Seul un grand-oncle s'y est risqué, une fois qu'il eut quitté le village.

E. S. – Est-ce ta mère qui te met en garde contre la séduction hors mariage?

K. M. – Le rôle principal est tenu par la mère du père. Ma grand-mère m'a mise en garde, à mots couverts, contre les mésalliances. Ça a commencé par là, et très tôt. Ensuite, il y avait des rites auxquels je me prêtais sans savoir vraiment de quoi il retournait. Je me souviens de celui qu'on pratiquait quand les femmes confectionnaient un burnous. Le métier consistait en deux pieux de bois fichés en terre. C'était un garçon qui faisait passer le fil pour tisser la trame, et chaque fois que le fil se tendait, je devais l'enjamber et prononcer en même temps une formule : « Toi, tu es un fil, et moi, je suis un mur. » Ça m'amusait, ça ne m'a pas traumatisée, et je ne comprenais pas grand-chose à ce symbole. Cependant, ça marque. En fait, jusqu'à la puberté, on insinue; mais ça n'est que lors des premières règles qu'on te met en garde contre la grossesse illicite et la séduction. En te racontant des trucs pas possibles. Par exemple, quand tu vas au bain, on te demande de bien astiquer la place que tu choisis, où se sont peut-être assis des hommes, pour ne pas tomber enceinte. On t'explique que ça peut arriver aussi juste par l'odeur ou le souffle échangé entre cousin et cousine. Et on te fait la liste de toutes les interdictions qui vont désormais peser sur toi. J'ai trouvé ça injuste, et je l'ai dit : « Comment, vous m'avez annoncé que je deviens une femme, donc grande et responsable, et je n'ai plus le droit de quoi que ce soit? » Un conseil des femmes de la famille s'est réuni : elles m'ont expliqué que Satan peut jouer de gros tours. L'histoire du souffle m'intriguait particulièrement. J'avais appris la reproduction chez les souris, et je ne voyais pas pourquoi ça se passerait autrement chez les humains. Alors, avec un cousin plus âgé, un « scientifique » comme moi, je tente l'expérience du souffle. Et voilà que ma tante fait irruption à ce moment-là! Une anecdote de rien, une grosse affaire de famille...

E. S. – Tout à l'heure, tu parlais du « dedans » et de la division sexuelle de l'espace dans les villages. La mixité a-t-elle existé pour toi?

K. M. – Oui, dans la mesure où nous étions quatre frères et quatre sœurs. Oui encore, à l'intérieur de la famille élargie, puisqu'on se voyait beaucoup entre cousins, même si des règles intervenaient à partir d'un certain moment. Mais c'était un îlot de mixité, une mixité du dedans. Dehors, il n'y en avait pas. Mon lycée était exclusivement un lycée de filles, j'y étais interne, je ne sortais donc que le week-end pour retrouver ma tribu, mais ça ne me choquait pas, ni ne me pesait. Quant à la rue, la rue algérienne, je ne l'ai jamais ressentie comme mixte. De tout temps, j'y ai vu les femmes aller vite d'un point à un autre. Dans la rue algérienne, les femmes ne flânent pas, ne se baladent pas, elles passent.

E. S. – Tu reconnais toi-même que la non-mixité dans ton lycée ne te gênait pas. Alors pourquoi es-tu aujourd'hui vent debout quand c'est le FIS qui veut l'imposer?

K. M. – D'abord, à l'époque, la mixité était la règle dans les lycées. Le mien était une exception, et je l'assumais pleinement car c'était la garantie d'un enseignement de grande qualité. De plus, la formation intellectuelle que j'y ai reçue était une formation de liberté pour les femmes. Alors que la non-mixité prêchée par le FIS, et qu'il tentera ensuite d'imposer, est la première étape de l'exclusion des femmes du monde social.

E. S. – Revenons à la rue. Quelle expérience en as-tu eue, adolescente ?

K. M. – Traumatisante. Je ne vivais que dans ma famille. Là, non seulement j'étais encensée par mon père comme une princesse, encouragée aux études, mais j'avais absolument les mêmes droits que mes frères. Symboliquement, quand il y avait une pastèque à table, le cœur bien sucré était partagé entre garçons et filles, contrairement à ce qui se pratique dans la plupart des familles, où les mâles ont le meilleur. Jamais, jamais, je n'étais renvoyée à un statut de femme qui devrait se taire, dont on ne respecterait pas profondément la féminité. C'était un cocon très protecteur. Et quand je sortais dans la rue avec mes cousines, les hommes nous agressaient sans arrêt. C'était un enfer, une obsession pour nous ! Dans les bus, tu te faisais tripoter. Les mecs se donnaient ce droit. Quand je me défendais, que j'élevais la voix, ils me répondaient, au minimum : « Tu n'as rien à dire ! Parce qu'une fille de bonne famille ne sort pas, elle n'est pas dehors ! » Un jour, un type a voulu me frapper. Je suis descendue du bus, j'ai avisé un flic à qui j'ai demandé protection, et il m'a dit : « Allez, dégage, une fille de bonne famille, à cette heure-ci, elle est à la maison. » Pour la première fois de ma vie, j'ai compris que j'étais dans un pays où l'État ne défendait pas mon droit à l'existence telle que je la souhaitais, j'ai compris que je n'avais aucun recours. Mais le vrai choc, certainement déterminant, a eu lieu vers 1977, alors que nous déambulions rue Michelet-Didouche-Mourad, avec mes cousines. Nous croisons des hommes qui se plantent devant nous, regardent nos seins et nous balancent des horreurs. Ils insultent nos « nichons monstrueux » et nous disent que nous devrions « être en train d'allaiter chez nos maris » ! C'était d'une violence énorme, que seules les femmes peuvent sans doute appréhender. Je me suis sentie souillée, humiliée, atteinte au plus profond de moi-même. J'ai beaucoup pleuré, et encore aujourd'hui quand j'en reparle, ça m'est odieux, comme une claque. Ma grand-mère a tenté de me rasséréner : « Ce sont des mlaktin, des gens sans repères. » Exact : un peu plus tard ils tomberont dans l'intégrisme, dans la volonté totalitaire de domestiquer absolument la sexualité des femmes, pour mieux contrôler la société.

E. S. – Beaucoup de filles qui portent maintenant le voile, en Algérie ou dans les banlieues françaises, expliquent ce choix par le désir d'échapper à cette violence permanente de la rue que tu décris, et qui peut être pire encore. Elles disent : « Avec le foulard, les hommes ne nous embêtent plus, avant c'était invivable. » C'est un argument qui a plus de poids et de vérité qu'on ne l'imagine. Je suppose que tu les comprends...

K. M. – Je comprends tout ce qu'elles éprouvent, je sais à quoi elles veulent échapper. De l'intérieur. Mais, si on réfléchit à cette histoire de seins, comme je l'ai fait tout de suite, qu'est-ce que ça signifie au juste ? Que dehors, dans ce monde d'hommes où nous avons à peine le droit de faire une incursion rapide, il n'est pas normal d'avoir des seins et d'être dans la rue, sur leur propriété. Il nous faut éliminer ce signe extérieur de différence, quand nous sommes dehors sous le regard des mâles. De leur part, exiger de nous le port du hidjab, c'est la même démarche, aboutie, portée à son point logique maximal. Ils voudraient nous imposer ce laissez-passer. De notre part, l'accepter « pour être tranquilles » revient à endosser la vision des hommes sur nous, à perpétuer leur système. Exactement comme je t'expliquais tout à l'heure que bien des femmes étaient les gardiennes de la virginité, les complices des hommes du clan.

E. S. – As-tu envisagé, ne serait-ce qu'un moment, de te voiler?

K. M. – Tu rigoles! La question ne s'est même jamais posée! Jamais, jamais, jamais! Se voiler? Non, mais attends... Je suis, nous sommes des Algériennes de l'émancipation et de l'indépendance! Celles qui ont voulu faire des études, exercer un métier, gagner leur vie, se marier et divorcer librement.

E. S. – Tes parents auraient-ils souhaité que tu perpétues la tradition?

K. M. – Ma mère n'aurait voulu pour rien au monde que je porte un tissu sur ma tête ou mon visage. Je crois que ça l'aurait tuée si sa fille, ses filles avaient dû connaître le même sort qu'elle. Ce qu'elle a accepté pour elle, intériorisé, elle savait que j'étais en mesure, moi, de le refuser et c'était sa revanche sur le destin! Quant à mon père, qui n'était pas un libéral avec les femmes, comme on l'a vu, il l'était pour ses filles. Il voulait que nous ayons tous les moyens de nous insérer dans la nouvelle société qu'il pressentait.

La génération de mes parents admet implicitement, dans le cadre du pays libéré, que leur système n'est plus adapté. Ils sont conscients de la déstructuration inéluctable de la société algérienne. Le type d'organisation sociale qu'ils ont connu et qui a tenté longtemps de résister à la colonisation vole en éclats avec l'industrialisation et l'urbanisation galopantes. Cette organisation – que je ne veux d'aucune façon reproduire – permettait au moins à chacun, et même aux femmes, de trouver sa place. Mes parents souhaitent que leurs filles ne soient pas démunies pour avoir la leur, dans le paysage qui se dessine. Ce sont les derniers des Mohicans.

E. S. – Toi-même, adolescente, comment te projettes-tu en tant que femme? Te souviens-tu de la femme rêvée que tu voulais devenir?

K. M. – Je ne voudrais pas raconter d'histoires. Attends... Je me rappelle une image qui devrait être « chargée » pour un psychanalyste. Celle d'une maison, avec plein de coussins, un immense tapis, et des bouquins partout, partout, partout. Je suis là, et je lis beaucoup, et je réfléchis tout le temps. Il y a un homme, à certains moments, avec un bouquin aussi! Mais ce n'est pas un mari. Jamais je ne me projette mariée. Surtout pas! Dans la vie, quand une de mes tantes, me voyant, s'exclamait: « Oh, ma fille, elle a grandi, on va la marier bientôt! », ça me rendait folle. Je ne supportais pas ces rites, la veille du mariage, pendant lesquels les femmes défaisaient les scellés symboliques; ni ces recettes aphrodisiaques pour exciter l'époux, le garder – secrets qu'on se transmet de mère en fille; ni cette façon de faire de toi la génitrice au service de la reproduction du clan, et de considérer comme la lie une femme stérile; ni cette obligation de sensualité et de plaisir dans le seul mariage. Non, je ne voulais pas de ça. C'est tout.

49

E. S. – Avais-tu des modèles de femmes radicalement différentes de celles qui t'entouraient?

K. M. – Évidemment! Une de mes tantes, belle, douce, cultivée, brillante. Et mon professeur de maths, Fanny Claire Kechich, incarnation de la femme moderne, compétente, intégrée à la société du dehors. Mais surtout, des femmes légendaires qui peuplaient mon imaginaire.

E. S. – Par exemple?

K. M. – Lalla Yamina, une femme du tout début du siècle à qui on a reconnu le statut de sainte – cela se fait au Maghreb! –, qui a son mausolée en Kabylie. Elle a refusé de se marier, elle s'est rebiffée contre sa famille. On m'en parlait avec admiration, car c'était une grande sage, mais qui avait un fusil dont elle se servait quand une injustice trop flagrante était commise et que les hommes ne la réparaient pas. Il y avait encore Lalla Fadhma N'Soumeur, qui, dans les années 1850-1855, a organisé la résistance armée contre la colonisation française en Grande Kabylie, comme l'ont fait ailleurs en Algérie les femmes des Ouled Sidi Chiekh. Elle était éminemment subversive car elle a mené sa lutte depuis la mosquée, et durant dix ans! Elle a été arrêtée par un général français, et elle a fini sa vie en prison. Enfin, il y a la Kahina, une reine judéo-berbère des Aurès, une rousse à la peau blanche du pays chaouïa. Elle, c'est un mythe vivant dans toutes nos mémoires, personne ne pourra jamais la tuer. J'ai grandi dans son culte. Chez nous, quand une fille est courageuse, on dit : « Toi, tu es la Kahina! » Pendant des années, au VIIIe siècle, elle a résisté à la tête de son armée à l'envahisseur arabe. Pour ne pas se rendre à l'ennemi, elle s'est suicidée.

50

E. S. – Rousse, peau blanche, résistance, flirt avec l'idée de prendre les armes contre les intégristes, grenade pour te faire sauter au cas où tu serais enlevée par un commando du FIS : est-ce que tu ne te prendrais pas pour une guerrière, une Kahina contemporaine ?

K. M. – J'essaye d'imposer le respect avec mes moyens, qui sont pacifiques : les mots. Si un mouvement intégriste qui a les armes et l'argent condamne à mort la femme que je suis, c'est que vraiment je constitue un danger pour son projet, donc que j'ai raison dans ce que je dis contre lui. Les fous de Dieu voudraient que je retourne aux sources de la soumission ? Je ne veux retourner qu'à celles de la dignité. La Kahina, au fond, me conditionne, je ne peux pas le nier. Mais imaginer que j'en suis une lointaine descendante, tu plaisantes ! Invoquer cette femme, et toutes les autres femmes de toute l'Algérie qui ont toujours su se dresser quand il le fallait, ça rend les choses plus faciles pour quelqu'un qui participe à la création et à l'animation difficiles d'un mouvement de femmes. Les temps sont différents, les causes de la résistance aussi, mais dans tous les cas il s'agit de liberté. Tu vois, que ce soit par mon histoire personnelle ou celle de mon pays, j'ai toutes les raisons de ne me soumettre à aucun joug.

Chapitre 4

FILLE DE VOLTAIRE ET D'AVERROÈS

Elisabeth Schemla. – Le savoir, l'instruction sont au cœur de ta vie. Tu es un parfait modèle du prix d'excellence, et d'ailleurs tu l'as obtenu presque chaque année jusqu'au bac. Du temps de l'Algérie française, je ne suis pas certaine que ton parcours aurait été le même. Nous avons, toi et moi, fréquenté le même établissement scolaire à quelques années d'intervalle : or, jusqu'en 1962, je n'ai pas souvenir d'avoir vu une seule élève arabe ou kabyle au lycée. En quoi l'État algérien naissant t'a-t-il aidée ?

Khalida Messaoudi. – A peine l'indépendance proclamée, il a pris une décision politique capitale : l'éducation gratuite. Depuis quinze ans, je suis suffisamment critique et violente à l'égard du parti unique pour lui en donner acte. A l'époque, le rapport de forces à l'intérieur du FLN entre la tendance islamo-baasiste et la tendance, disons, socialo-moderniste, penchait du côté de cette dernière et Boumediene était tout-puissant, en pleine gloire. Grâce à la rente pétrolière et à l'état du marché international des hydrocarbures, il a pu se permettre d'investir dans l'éducation. J'ai profité de cette révolution, comme tous les enfants de mon âge. A la fin du primaire, comme j'étais une bonne élève, j'ai obtenu une bourse pour poursuivre mes études au lycée, à Alger. Sans cette aide de l'État, avec le salaire paternel plutôt chiche d'un secrétaire de mairie, ça n'aurait pas été possible. Probablement, deux d'entre nous seulement sur les huit enfants auraient pu faire des études. Or il faut voir comme mes parents y tenaient! Ils étaient prêts à tous les sacrifices pour que nous fréquentions les meilleurs établissements. C'est ainsi que mon frère aîné a été placé en internat chez les pères blancs, dont trois ont été sauvagement assassinés par le FIS dernièrement à Tizi-Ouzou, ce qui m'a une fois de plus horrifiée. On dit toujours : « Les Kabyles adorent l'école », comme s'ils avaient une sorte de supériorité intellectuelle sur les autres. Quelle supériorité? Je rigole! La vérité, c'est que la région est pauvre, les gens aussi, et qu'ils n'ont pas grand-chose à léguer à leurs enfants, à part l'école. J'ai été élevée dans cette sacralisation du savoir, ce savoir tant honni par ces misérables islamistes.

E. S. – Tu parles d'éducation gratuite. N'était-elle pas obligatoire?

K. M. – Non. Et c'est pour ça que je ne peux pas non plus tresser de lauriers au FLN, même sur ce point. J'irai plus loin. Quand une copine, par exemple, était retirée de l'école pour être mariée, l'État laissait faire. Il ne garantissait pas son droit à l'instruction. Tu vois donc que, d'emblée, le pouvoir a accepté que la loi du patriarcat, voire celle de la charia, prime sur toute autre.

E. S. – Ce n'est pas la première fois que tu manifestes un souci particulier, et même obsessionnel, de l'État. Pourquoi?

K. M. – Parce que mon fonctionnaire d'État de père, comme pour l'éducation, en avait un respect absolu. Dans ce qui me structure dès l'enfance, Allah, Mohammed, Jules Ferry et le Code communal sont inextricablement liés. Ce sont les invités permanents de la grande table où nous nous asseyions tous ensemble le soir pour faire nos devoirs, autour de mon père, qui lui-même travaillait toujours ses dossiers. Il avait les exemplaires du Code à portée de main, ainsi qu'un tampon de la mairie avec sa bouteille d'encre. Un jour, un de mes jeunes frères a pris le cachet en question et a tamponné son cahier en cachette. Personne n'avait rien vu. Mon père a fait réciter ses leçons à chacun d'entre nous, et au moment où il s'est planté devant mon frère, il a aperçu le cahier et le tampon. Il était dans une colère froide inimaginable. Il a épluché feuille à feuille, page à page, tous nos cahiers et tous nos livres pour vérifier que nous n'étions pas coupables du même forfait. C'était interminable. Puis il nous a privés de dîner, et il nous a dit : « Ce qu'a fait votre frère est extrêmement grave, plus grave que de voler. Il a disposé de l'État pour lui, pour son amusement. C'est un crime. » Crois-moi, la fureur et la condamnation paternelles frappent de jeunes esprits. Après le Coran, le Code communal était la deuxième chose sacrée, et quand j'osais y toucher, mes frères et sœurs m'arrêtaient : « Tu es folle, tu touches à l'État ! Tu n'as pas le droit ! » Mon père nous a élevés dans ce mythe, qui lui venait de la France coloniale et qui lui a paru bon pour son pays libéré. Bien sûr qu'ensuite, lorsque tu constates que le premier à ne pas respecter l'État, c'est l'État lui-même, tu es choquée. C'est exactement ce qui s'est passé avec le FLN, et jusqu'à aujourd'hui.

E. S. – Votre père surveillait votre éducation de très près. Sur quoi insistait-il ?

K. M. – Avant que nous n'entrions dans le primaire, il exigeait de chacun d'entre nous qu'il connaisse l'alphabet en français et la table de multiplications. Ah, la table! Il focalisait tellement là-dessus... Je crois que pour lui les maths, ce devait être le sommet de la culture.

E. S. – Et le français, la langue de la culture?

K. M. – Sans aucun doute.

E. S. – Tout cela se déroule il y a vingt-cinq ans à peine, après cent trente ans de présence coloniale. Elle s'est traduite pour les « Français musulmans », du point de vue linguistique, par une cohabitation plus ou moins réussie entre les idiomes locaux, l'arabe dialectal et le français, sinon à l'école, du moins dans la vie quotidienne. Or, dès l'indépendance, les langues deviennent un des problèmes et des enjeux majeurs de l'Algérie. A travers elles, c'est la définition même de l'identité du pays qui est en gestation. Que parlait-on chez toi?

K. M. – Mes parents, entre eux, parlaient leur langue maternelle, le kabyle. C'était la langue du dedans. Bien sûr, ils s'exprimaient aussi, dans toutes les circonstances de la vie où c'était nécessaire, en arabe dialectal et en français. Mais ils estimaient que leurs enfants devaient d'abord parler la langue qui leur permettrait de s'intégrer dehors. Or, dehors, c'était l'arabe dialectal. Et à l'école, le français et l'arabe classique. Alors, mon père et ma mère faisaient l'effort de s'adresser à nous en arabe. Si le kabyle fait donc bien partie de mon univers maternel – je chante en kabyle par exemple, car le chant traduit l'expression de soi la plus profonde –, l'arabe algérien est ma langue maternelle.

E. S. – Quand tu entres en maternelle, puis dans le primaire – nous sommes en 1963-1964 –, en quelles langues t'enseigne-t-on ?

K. M. – On m'apprend à lire et à écrire... dans deux langues étrangères, en arabe classique et en français, simultanément. Entre les deux, je ne choisis pas. Je les vis toutes les deux comme des langues scolaires, différentes de celle que j'emploie dans la rue et à la maison. Mais je suis plus à l'aise en français qu'en arabe classique. L'un fait partie, malgré tout, du paysage naturel de l'Algérie, il est familier à mes oreilles, et j'ai feuilleté les livres de mon grand frère : les inévitables recueils des *Fables* de La Fontaine et des poèmes de Victor Hugo. En revanche, qui m'a jamais parlé en arabe classique, quand l'ai-je entendu, qui le lisait ? D'aucune façon je ne peux le vivre comme ma langue, la langue des Algériens ou une des langues de mon histoire nationale. C'est exactement comme si tu m'affirmais tout à coup que la langue des Français, c'est le latin ! Voilà... L'arabe classique, pour nous, équivaut au latin pour les Français. Aujourd'hui, en Algérie, quand on dit qu'on est bilingue, ça signifie quoi ? Qu'on parle l'arabe classique et le français ! Quelle folie ! Moi, par exemple, j'affirme que je suis quadrilingue, car on ne va quand même pas m'imposer d'oublier que je parle d'abord l'arabe dialectal et le kabyle !

E. S. – Pourquoi le pouvoir choisit-il d'imposer aux enfants cette langue « étrangère » qu'est l'arabe classique au lieu de l'arabe dialectal, et d'arabiser l'ensemble du système scolaire ?

K. M. – La décision d'inscrire l'identité algérienne dans l'arabo-islamisme et d'imposer l'arabe classique comme langue nationale unique des Algériens a été prise avant l'indépendance, pendant le mouvement national. En 1949, une crise dans le PPA-MTLD a été réglée d'une manière autoritaire par les chantres de l'arabo-islamisme. Le pouvoir FLN issu du mouvement national va perpétuer la démarche et institutionnaliser l'état de fait. A quoi est-ce dû? Fondamentalement à la nature antidémocratique et jacobine du FLN, qui a très, très peur de toutes les expressions populaires et qui va imposer une « culture » qui est la sienne, l'utiliser pour écraser toutes les expressions. Par ailleurs, il est terrible de constater à quel point les animateurs de ce pouvoir véhiculent la haine de soi. La seule chose qui détonne là-dedans, c'est qu'ils ont tout fait pour que leurs enfants ne subissent rien de tout ça. Je défie en effet quiconque de me trouver un seul de leurs enfants avec une bourse d'études ailleurs que dans les pays occidentaux.

E. S. – A la fin du primaire, tu obtiens la bourse qui va te permettre d'aller à Alger. Grâce à tes résultats, tu entres dans un des meilleurs établissements d'Algérie, l'ex-lycée franco-musulman devenu Hassiba-ben-Bouali, où tu resteras jusqu'à ton bac. Dans cet établissement privilégié, tu vas vivre de l'intérieur la progressive et catastrophique arabisation de l'école. A quel moment sens-tu le grand tournant?

K. M. – Quand, en 1971, je suis moi-même mise d'office, en cinquième, dans la première classe totalement arabisée du lycée... En fait, l'arabisation du secondaire voulue par Boumediene a commencé en 1968. Crois-tu que ces imbéciles au pouvoir auraient fait les choses rationnellement, en essayant de bousculer le moins possible des jeunes déjà terriblement perturbés par la mutation culturelle à laquelle on les soumettait? Non, bien sûr! Du jour au lendemain, le

FLN avait déjà imposé qu'un certain nombre de cours soient intégralement faits en arabe classique : l'histoire et la géographie en première, la philo en terminale. Et voilà que, de but en blanc, il arabise certaines classes. Des classes d'expérimentation, qui apparaissent très vite comme de vraies « sections sociales ». Prenons mon lycée... Comme il était de très haute qualité, le gratin du régime y mettait ses enfants. Il y avait là entre autres la nièce de Boumediene, celle de Taleb Ibrahimi, ce bon ministre de l'Éducation nationale, promoteur de la réforme, mais qui évidemment n'en voulait pas pour sa famille ! La classe arabisée n'était pas bonne pour les filles de la nomenklatura – qui restaient dans les sections en français –, mais pour celles qui venaient de l'intérieur, comme moi. Et quel que soit leur niveau, puisque j'étais par exemple, sans prétention de ma part, l'une des meilleures de l'établissement.

E. S. – As-tu eu affaire à ces calamiteux professeurs étrangers, égyptiens, syriens, irakiens, dont on a tant parlé ?

K. M. – Et comment ! Leur nationalité, pour moi, n'est pas en cause. Mais il est certain, par exemple, que notre « grand frère » Nasser ne nous a pas envoyé ses meilleurs éléments pour nous arabiser. Et Ben Bella, le premier, n'a pas jugé utile d'être très regardant. Je me souviens d'un enseignant de maths égyptien. Je ne sais pas d'où il sortait, celui-là, mais c'était une honte. Il se fichait royalement de ce qu'il faisait et il était d'une incompétence crasse : j'en savais plus que lui en maths, je te jure ! En dehors de l'arabe, il ne parlait pas un mot de français, il baragouinait seulement l'anglais. Alors, pour évoquer l'« ensemble vide » par exemple, il accolait le mot arabe pour « ensemble » à l'adjectif anglais pour

« vide ». Ainsi pour tout. Comme nous connaissions moyennement l'arabe et débutions en anglais, la plupart d'entre nous avons été tout de suite larguées. En plus, la quasi-totalité de mes camarades de classe, rentrant chez elles pour le week-end, au lieu de pouvoir travailler pour rattraper leur retard, devaient y faire le ménage : elles payaient leur dû pour leurs études, comme dans toutes les familles pauvres! Dans ces conditions, tu te laisses vite couler... Pour toutes les matières, c'était le même topo. On n'apprenait rien, on ne travaillait pas. On nous balançait une culture à deux sous, conçue et réalisée pour les nouveaux « indigènes ». Tout ça était terriblement injuste : tu sentais qu'on organisait ta mise à l'écart du savoir.

E. S. – Comment t'en es-tu sortie?

K. M. – J'étais triste, complètement perdue. J'avais essayé en vain d'alerter le censeur, qui se réfugiait derrière les directives ministérielles. J'ai été sauvée par le prof d'arabe : il m'avait tellement prise en grippe qu'il me mettait un zéro à chaque interrogation. Ç'a fini par attirer l'attention de la directrice. Nous avions aussi, en sciences, une Syrienne qui s'est battue pour moi, en disant que, si on me laissait là, on allait me bousiller. Comme quoi, il y a eu aussi des personnes bien, parmi ces étrangers. Bref, à la fin du premier semestre de la quatrième, on m'a mise dans une quatrième « normale », c'est-à-dire bilingue. Mon environnement familial ne me prédisposait déjà pas à adorer le pouvoir, et bien qu'échappant moi-même au pire, j'ai été très choquée de voir comment on traitait les boursières par rapport aux filles des privilégiés. J'ai pris plus tard ma revanche. Au dortoir, je donnais des cours de rattrapage à mes copines internes, pour qu'on en remontre aux filles de ministres.

E. S. – Le pouvoir avait-il une autre solution que d'importer ces enseignants, puisque le départ massif des pieds-noirs avait totalement privé l'Algérie de cadres ?

K. M. – Si, comme je t'en expliquais les raisons, le FLN n'avait pas décidé cette arabisation hâtive et outrancière, et s'il avait choisi pour l'école un bilinguisme arabe dialectal-français, le drame ne serait pas arrivé. D'une part, nous aurions été dans notre langue naturelle et nos professeurs aussi ; d'autre part, l'Algérie aurait séduit nombre de coopérants français de métropole, et de qualité, j'en suis sûre. L'enseignement, malgré les difficultés dues à la démographie, aurait eu un niveau digne d'une nation à la fois respectueuse de sa personnalité et intégrée au monde moderne. Mais vois-tu, rien n'était innocent. Car, à travers les langues, c'était au contenu même de l'enseignement que le FLN voulait toucher. La preuve : ce qui s'est fait parallèlement à cette arabisation du secondaire.

Le problème n'était pas tant d'importer des enseignants de telle ou telle nationalité, mais plutôt de savoir quelle définition de la nation algérienne on voulait. Lorsque tu constates qu'aujourd'hui tel jeune Algérien se prend pour un Afghan ou pour un Iranien et que tel autre ne rêve que de fuir l'Algérie par n'importe quel moyen, il est clair que la démarche du FLN a été un véritable désastre. Face à ce désastre, le FIS nous propose de nous suicider dans la « nation musulmane », dont les contours géographiques n'ont jamais été tracés, et les démocrates républicains algériens veulent sauver l'Algérie par l'émergence d'un citoyen dont l'identité complexe serait respectée. A savoir la berbérité, l'arabité, l'islamité, l'appartenance méditerranéenne et africaine. Et il ne faudrait pas considérer un des éléments comme exclusif par rapport aux autres. Je ne pense pas que nous perdrions notre âme à aimer ce qui nous a faits. Il suffira ensuite de se donner les moyens pour atteindre l'objectif.

E. S. – Quelles sont les décisions les plus surprenantes de Boumediene?

K. M. – Eh bien, Boumediene – le socialo-moderniste dont on oublie qu'il a étudié à l'université intégriste d'Al-Azar au Caire – instaure dans le pays des instituts d'enseignement originel. Sous prétexte qu'il n'est pas possible de construire des collèges et des lycées dans chaque bled et qu'il faut « instruire » tout le monde, il truffe le pays de ces instituts. Conseillé par Mouloud Naït Belkacem, un Kabyle ministre du Culte, Boumediene en facilite l'accès à tous les jeunes, octroie des bourses, non pas en fonction de la qualité de l'élève mais de son désir d'étudier le Coran. Ces instituts n'ont rien à voir cependant avec les medersas, ces cours coraniques auxquels tu pouvais te rendre le mercredi après-midi, en dehors de l'école. Ces instituts, hormis un enseignement général amputé par rapport à la laïque, préparent les futurs étudiants en fondamentalisme. Et ils dispensent, en fin d'études, un diplôme qui équivaut au bac! Qui forme les jeunes? Les mutants intégristes qui nous viennent de tous les pays où ils sont déjà à l'œuvre. Car là encore, le pouvoir ne veut surtout pas adapter cet enseignement théologique très « spécialisé » aux réalités algériennes : jacobin en terre qui ne l'est pas (c'est le seul modèle, hélas, qu'il a retenu de la France), son objectif est de briser les multiples identités religieuses pour contribuer à asseoir non une démocratie, mais la dictature. Et, vois-tu, le drame, c'est que personne ne prête attention à ce qui se met en place, ni n'alerte. Boumediene construit lui-même les premiers îlots d'intégrisme, qui serviront ensuite de bases pour la prise du pouvoir par les islamistes, sans soulever la moindre mise en garde! Le système répressif du parti étouffe toute velléité de révolte. Et ce n'est pas fini! Dans les années quatre-vingt, le « religieux » se met aussi à squatter l'école publique. Dans les lycées laïques apparaissent ensuite des sections de « sciences islamiques » qui débouchent sur un bac « sciences islamiques ». Je vivrai moi-même leur création dans les établissements où j'enseignerai.

E. S. – Il est toujours un peu difficile de comprendre pourquoi l'État FLN a sécrété lui-même l'intégrisme. Comment expliques-tu, par exemple, que Boumediene ait mis en route cette politique?

K. M. – Nous sommes alors, ne l'oublie pas, dans le cadre du parti unique. Comme toujours dans ces cas-là – à l'exception des opposants radicaux à la dictature, comme le parti de Mohamed Boudiaf –, toutes les mouvances cohabitent à l'intérieur de la structure totalitaire. En l'occurrence, on y trouve les deux tendances principales dont je te parlais. L'islamo-baasiste voit dans l'idéologie du panarabisme islamique un modèle pour l'Algérie, tandis que la socialo-moderniste croit à la libération par le développement économique et militaire. La seconde tendance, dominante à ce moment, est bien obligée de faire quelques concessions à l'autre pour conserver la paix civile et étouffer dans l'œuf les luttes fratricides. L'une de ces concessions – l'autre concernera les femmes – est de lui offrir l'école, qui ne passe pas pour un « secteur clé » du développement! Taleb Ibrahimi, l'ami de Roland Dumas et de François Mitterrand, qui passe curieusement aux yeux de tant de politiques français pour une alternative à notre débâcle, sera l'un des artisans de cette stratégie. Il prendra soin de mettre ses enfants à l'abri de son œuvre. C'est aussi simple et terrible que ça.

E. S. – Revenons à tes études et au contenu de l'enseignement que tu évoquais tout à l'heure. Quelques matières-phares éclairent une politique. Avais-tu par exemple des cours d'instruction religieuse?

K. M. – Ce qui est intéressant, c'est qu'au début nous avions des cours d'instruction civique pure. Ensuite, ils sont devenus des cours d'instruction civique et religieuse. Aujourd'hui, ce sont des cours d'éducation islamique. Je crois que ça en dit long sur une intention et une évolution. De mon temps, ils consistaient essentiellement à nous inculquer des principes moraux et des conseils pratiques. Du genre : quelle toilette doit faire une jeune fille après ses règles pour reprendre le carême ou refaire la prière?... On t'expliquait aussi les bases de la religion, comme les cinq piliers de l'islam, et cela en arabe classique. C'était une formation dont on peut peut-être contester que l'école laïque la dispense, mais on était encore loin de cet effroyable lavage de cerveau auquel nos enfants seront soumis un peu plus tard, sous Chadli.

E. S. – Et l'histoire?

K. M. – Ah, l'histoire! Alors là, il y en a, des choses à dire. Ou plutôt, il n'y en a qu'une : on nous enseignait une histoire falsifiée, revue et corrigée par les vainqueurs au sein du FLN et par ceux auxquels ils avaient accordé la « concession école ». Bien que toute jeune, je m'en rendais compte : les noms des

héros du mouvement national de libération qui reve-
naient tout le temps au lycée et dans les manuels
n'étaient pas les mêmes que ceux que j'entendais à
la maison. Quelques exemples révélateurs : Ben
Badis, fondateur en 1936 de l'Association des oulémas, avait milité pour une autonomie culturelle et
religieuse et s'était prononcé contre l'indépendance
de l'Algérie, pendant la colonisation. Il était partisan
d'un islam fondamentaliste, comme les Frères
musulmans, dont il était l'un des adeptes ; il était
opposé à toutes les pratiques musulmanes locales
qu'il appelait chaouadha, charlatanisme. Dans ma
famille, j'entendais parler des ben-badistes comme
de missionnaires exaltés qui considéraient l'Algérie
comme une terre de conquête pour le fondamentalisme religieux. Les ben-badistes, par rapport
aux précurseurs de novembre 1954, pourraient
même être considérés comme des traîtres. Or, au
lycée, dans les manuels d'histoire, il était porté au
pinacle et présenté comme le père de l'indépendance du pays ! Il acquérait ainsi auprès des nouvelles générations une légitimité très dangereuse !
Une fois de plus, Boumediene a accepté cette impos-
ture parce qu'elle servait sa propre volonté d'éradiquer les islams et les structures de pouvoir auto-
chtones. A l'inverse, le grand Messali Hadj était, lui,
pratiquement rayé de l'histoire ou qualifié de traître
parce qu'il avait créé le MNA [1]. Ma mère, qui était
une révoltée, quand je lui rapportais ça, était hors
d'elle : « Mais te parle-t-on au moins de ceux qui ont
libéré le pays, des vrais héros historiques, Mohammed Boudiaf, Abanne Ramdan, Krim Belkacem,
Ouamrane Ben Bella, Aït Ahmed ? » J'étais obligée
de répondre que non. Et elle enchaînait : « Mais ce
Boumediene, d'où il sort, celui-là, puisqu'on n'en a
jamais entendu parler, ni avant ni pendant la

---

1. MNA : Mouvement national algérien.

guerre? Va, ne les écoute pas!» Je découvre ainsi que l'histoire que l'on m'apprend est une histoire écrite par la nomenklatura pour crétiniser le peuple, le priver de sa mémoire, une histoire au service exclusif d'hommes détenteurs d'un pouvoir totalitaire.

E. S. – Restons un instant sur Aït Ahmed, à qui tu es aujourd'hui opposée. Que t'en disait-on précisément chez toi?

E. S. – Que c'était un héros et, pour être honnête, le héros des Kabyles. Un grand nationaliste, un grand patriote qui s'était battu pour l'indépendance; puis un contestataire qui avait essayé d'imposer ses vues, après l'indépendance. Lorsqu'il reviendrait en Algérie, un jour, cet homme exceptionnel changerait tout, serait la chance du pays. Mon père lui-même faisait partie de son mouvement, le FFS, le Front des forces socialistes. Il a été emprisonné en 1963 comme militant et collecteur de fonds du FFS et a cessé tout engagement politique quand le Front a perdu la bataille. J'ai été élevée dans le mythe Aït Ahmed. Plus: dans l'attente de son retour.

E. S. – Jusqu'à quel point la guerre de libération était-elle une grille de lecture pour les autres événements de l'histoire du monde dont on vous parlait?

K. M. – C'était la seule. L'Algérie était un miroir qui renvoyait une image unique du monde. Le conditionnement était tel que j'étais incapable de me représenter Pinochet autrement que comme un envahisseur étranger dont il fallait, par une guerre nationaliste, libérer le Chili. Il a fallu que je rencontre, beaucoup plus tard, des réfugiés de Santiago pour comprendre, à ma stupéfaction, que Pinochet était lui-même chilien! De même, dans le conflit israélo-palestinien, on nous parlait de la nécessité d'une guerre de libération totale contre une présence coloniale, celle des juifs, sans jamais nous expliquer ni leur histoire, ni le génocide, ni la complexité de cette affaire. Ce génocide, je l'ai découvert en 1979, lors de mon premier séjour en France, et j'en ai été pour toujours ébranlée. Depuis, j'ai beaucoup lu là-dessus, et j'ai évidemment révisé mes positions. Mais, tu sais, tout cela représente un ensemble de mutations douloureuses, car le FLN ne nous a jamais appris en Algérie à être des esprits libres.

E. S. – Je suppose qu'on ne vous enseignait pas la seule guerre de libération...

K. M. – Pour les manuels, l'histoire de l'Algérie commençait avec l'arrivée des Arabes et de l'islam. Avant, rien. Comme si les Berbères, les Phéniciens, les Romains et les autres n'avaient pas existé. Quant aux Turcs et à l'Empire ottoman, ce n'étaient pas des occupants, mais une « présence musulmane ». Un prof d'histoire, un seul, une femme, en seconde, nous a dit que cette matière telle qu'elle était obligée de nous l'enseigner était une escroquerie, et elle nous donnait les références de bouquins qu'on ne trouvait pas chez nous, mais en France. Elle nous disait : « Si vous le pouvez, lisez-les, lisez...! » Elle avait un grand courage, car, sous la dictature, elle pouvait être dénoncée par une de ses élèves. Écoute, à part elle, heureusement qu'il y a eu d'abord mes grand-mères, mes tantes, tous les vieux de la famille, puis tous les ouvrages que j'ai pu consulter. Car, faisant écho à l'histoire dénaturée des livres scolaires, il y avait la télévision officielle. Les films, souvent égyptiens, diffusaient un message unique : les arabo-musulmans sont les plus beaux, les plus intelligents, les plus courageux, les plus tout; ils n'ont jamais fait aucune erreur, et partout où ils sont allés, les populations ont naturellement, spontanément embrassé l'islam; le Prophète était un type très bien, ses compagnons aussi, mais tous les autres qui n'étaient pas d'accord avec eux, tous des méchants et des salauds, qui de toute façon allaient perdre. C'était, au total, un environnement insupportable. Si j'avais dû compter sur l'école algérienne pour m'apprendre l'histoire – et sur la télévision d'État –, je serais aujourd'hui une intégriste appelant au lynchage!

E. S. – Néanmoins, dans ton lycée Hassiba-ben-Bouali, tu as quand même eu beaucoup de chance puisque à côté de ce que tu décris là, tu as eu accès à plusieurs cultures...

K. M. – C'est vrai, et c'est resté vrai jusqu'en 1980. La chorale était une des expressions du pluralisme encore en vigueur dans des établissements privilégiés comme le mien. On chantait *L'Amour de toi* de Ronsard, des negro spirituals, des chansons en arabe, en kabyle, en andalou, comme le célèbre *Touchiat es-Sultan*. J'avais des cours de musique où l'on me familiarisait avec Beethoven, Mozart, Schubert, Tchaïkovski. Aujourd'hui, tout ça a disparu, parce que culture « importée ». Et pour le FIS, ce sont des œuvres de Satan. Lors des fêtes, nous dansions en tenue de toutes les régions d'Algérie. Autant de costumes et de musiques que de régions, et tous algériens. Alors, qui peut prétendre que tel est plus national que tel autre? Alors, quelle est la légitimité du « costume national islamique » que veulent imposer les intégristes?

E. S. – Et la philo?

K. M. – C'était *le* cours, fait par un professeur magnifique, à peine la trentaine, un communiste arabophone. Il s'appelait Rabah Guenzet. Pour la première fois dans ma scolarité, j'entendais défendre en arabe les mêmes valeurs, la même culture qu'en cours de français. C'était une révélation, car l'arabe était jusque-là la langue de bois, y compris dans les journaux – *El Moudjahid* en français ne valant d'ailleurs guère mieux. Et Guenzet fait plus : à côté des auteurs philosophiques européens – Kant, Nietzsche, Spinoza –, dont nous devions travailler les textes en français par la force des choses, puisqu'il n'en existe pas de traduction en Algérie, il nous enseignait les philosophes arabes dans les textes originaux. Ç'a été une année exaltante!

E. S. – Il trichait donc, par rapport au programme?

K. M. – Il était extrêmement habile à contourner la ligne officielle. Il a mis au programme le siècle des Lumières, et nous avons étudié Montesquieu, Diderot, d'Alembert, Voltaire. Il nous a parlé des débats et des enjeux entre Danton et Robespierre, fait pénétrer dans les arcanes de la République naissante, expliqué le rôle d'une assemblée nationale, d'un parlement.
A côté de ça, il avait décidé de nous entretenir de deux pôles de l'islam où les ferments intellectuels avaient donné des œuvres enthousiasmantes entre le viiie et le xiie siècle : le Moyen-Orient et l'Andalousie. Dès la rentrée, il nous avait distribué un texte d'Averroès, ibn Ruchd, un philosophe arabe, né en Andalousie au xiie siècle, dont l'œuvre révolutionnaire posait pour la première fois au Siècle d'or les rapports entre la philosophie et les sciences, entre la philosophie et la religion, et dont l'école regroupait

69

des juifs, des chrétiens et des musulmans. Cette période de l'histoire en Espagne où, dans le royaume d'Al-Andaluz, se mêlent trois cultures et trois cultes, le fascinait. Guenzet nous décrivait avec force la liberté de pensée d'ibn Ruchd. Il mettait l'accent sur deux points : philosophie et religion ne sont pas contradictoires ; pour conserver à la religion son aspect sacré, il ne faut pas non plus la confondre avec la philosophie. En somme, pour aller aussi loin que possible dans le raisonnement et le travail philosophiques, il faut savoir laisser au vestiaire ses croyances, mais sans les y abandonner. Il vantait, dans cette quête, l'enrichissement de la pensée par le débat contradictoire entre gens d'horizons différents. Averroès avait aussi écrit un texte pénétrant sur la place des femmes. Il montre que toute société qui asservit les femmes est immanquablement conduite à la décadence. Tu te rends compte de ce que cette idée pouvait représenter à son époque ! J'en ai été très marquée. Guenzet soulignait la proximité d'ibn Ruchd, car l'Andalousie était alors le prolongement de notre Maghreb, tout en en étant autonome.

Par ailleurs, il nous a fait découvrir les Mouà Tazilite, une école de pensée sur laquelle va s'appuyer, à Damas, la dynastie des Abbassides. Une période de grande production intellectuelle, culturelle, où un pouvoir musulman non sanguinaire s'intéresse à la rationalité, permet à des penseurs musulmans de réfléchir sur l'islam, de comparer la voix du Coran à celle de la Raison, en justifiant la prédominance de celle-ci, si ses conclusions apparaissent meilleures. A partir du XIe siècle, cette école a été considérée par les Abbassides eux-mêmes comme celle d'une élite dangereuse pour la foi. Les Mouà Tazilite, un siècle durant, ont été assassinés, décimés. Que s'est-il passé par rapport à l'islam lui-même ? Mohamed Arkoun le raconte brillamment : à partir du xie siècle, on ferme ! C'est-à-dire qu'on systématise l'islam par écrit, on boucle toutes les portes à l'effort d'interprétation, selon la volonté du calife. On rédige la sunna, on dicte la façon dont il faut penser et agir. En dehors du dogme officiel, point de salut. Selon l'expression d'Arkoun, « c'est désormais l'institution de l'impensé dans la pensée musulmane ». Ce sont deux moments de l'histoire musulmane dont on n'entend jamais parler dans l'école algérienne.

Nous, nous étions pantoises. Nous vivions sous le régime du « bouche cousue » qu'imposait le parti unique à l'extérieur. Et à l'intérieur du lycée, nous entendions des propos qui devaient rester confidentiels et qui métamorphosaient nos jeunes esprits. Nous avions un prof de philo qui, subitement, venait nous parler de pays arabes où il avait été possible de penser, de penser l'islam, et de le penser avec les autres. Et nous, nous étions là à lui répéter sans arrêt : « Mais, monsieur, vous êtes sûr que ça s'est passé chez les Arabes ? » Rabah Guenzet nous répondait que oui, c'était sûr, mais qu'à Damas comme en Andalousie les totalitaires de tous bords, arabes ou espagnols, musulmans ou chrétiens, ont toujours tout fait perdre à tout le monde.

E. S. – Guenzet, dis-tu, était communiste. Vous parlait-il de Marx, de Lénine, de Trotski ?

K. M. – Non. Mais il était aussi notre prof d'art dramatique, et il nous a initiées à Brecht, en nous expliquant qu'il n'y avait aucune barrière infranchissable entre Brecht et notre théâtre algérien. Il prenait *L'Homme aux sandales de caoutchouc* de Kateb Yacine, et il essayait de nous démontrer que Brecht et Yacine étaient de la même école théâtrale. Alors, je rêvais de quoi, grâce à Guenzet ? De rencontrer

71

l'auteur vivant, maudit, honni par le FLN parce qu'il était libre, contestataire, écrivait en français et faisait du théâtre en arabe populaire. Inutile de te dire quelle émotion j'ai ressentie quelques années après, à l'université, lorsque Kateb est venu faire une conférence.

Bien sûr, j'avais déjà lu et étudié *Nedjma*, sans le comprendre vraiment. J'ai écouté cet homme parler dans un français exceptionnel et nous lancer : « Le français, c'est un butin de guerre. » Pour la première fois, je me suis mise à réfléchir au français, mais plus comme à la langue donnant accès aux textes de littérature ou de philosophie. Je m'interrogeais sur son statut en Algérie. Je me suis rendu compte que Kateb – comme Mouloud Mammeri ou Mohamed Dib et d'autres – l'avait utilisé, lui, comme arme de combat contre le système colonial, comme arme de conceptualisation. Dès lors, je ne trouvais plus seulement naturel de parler le français, je me disais : « C'est génial, je suis en train de me l'approprier comme un instrument. Jamais je ne laisserai tomber ça. » Vois-tu, c'est cette Algérie-là pour laquelle je me bats, une Algérie où il est possible d'être en même temps berbérophone, francophone et arabophone, de défendre le meilleur des trois cultures. Le message de Guenzet se trouvait dans cette vérité, et ma mémoire l'a enregistré pour toujours.

E. S. – Voltaire et Averroès fréquenteront-ils encore longtemps ton lycée ?

K. M. – Évidemment, non ! Ils seront bientôt éliminés à leur tour, Averroès comme Voltaire, quoique arabe ou parce que arabe pensant la modernité. Mais je suis fille des deux, et cela demeure.

E. S. – Qu'est devenu ton maître, Rabah Guenzet ?

K. M. – J'ai recroisé sa route à l'université, et il est devenu mon ami... Nous avons eu longtemps des divergences d'analyse politique et des désaccords sur la stratégie à adopter, mais dans l'esprit même de ce qu'il m'avait définitivement enseigné. Jusqu'à ce qu'un jour nous nous retrouvions côte à côte, en toute communauté d'action. Puis Rabah a été assassiné d'une balle dans la tête par le FIS, en 1994...

E. S. – ...

K. M. – ...

E. S. – J'imagine que Rabah Guenzet n'était pas le seul enseignant communiste que tu aies eu. Les autres t'ont-ils également marquée?

K. M. – Je dois beaucoup à tous mes autres profs communistes, celui de français et celui d'histoire. Ils dispensaient une éducation de la pensée, ils parlaient de justice et de liberté, et là-dessus je devais avoir une sorte de prédisposition à les entendre. Il faut rappeler aussi que mon père était à gauche. Jamais il n'a accepté de prendre la carte du FLN, malgré les pressions. Je l'ai vu, toute mon enfance, parler de droits des citoyens, concocter des plans communaux de développement pour aider les jeunes, aller au secours de tout le monde. J'ai l'ai vu aussi, un jour où Boumediene faisait une visite officielle à Aïn-Bessem, être le seul du village à rester ostensiblement à la maison, pour manifester, à sa façon silencieuse, une désapprobation de granit. Bref, j'étais inconsciemment à gauche. Je me suis affirmée comme telle, dès la classe de première, grâce à tous ces enseignants dont nous venons de parler, et dont c'étaient les derniers moments de relative liberté.

E. S. – Précisément, y avait-il déjà à ton époque, dans les sections « normales », une infiltration islamique?

K. M. – Aujourd'hui, je peux répondre que oui, mais il serait faux de prétendre qu'à l'époque j'avais mis de tels mots sur l'événement que je vais te raconter. Il montre bien cette infiltration. C'était en 1977... Eh oui, déjà... J'étais en terminale. Dans une autre classe de philo, une prof qui enseignait cette matière avait entrepris ses élèves sur les vertus d'un État islamique qui aurait existé dans des temps lointains, lointains. Un État islamique?... Voilà que dans la cour, ces filles et nous, qui avions Guenzet comme prof, nous nous mettons à discuter violemment de cette histoire. Guenzet suggère alors que les élèves des deux classes intéressées organisent un débat sur cet État. Ce que nous faisons. Une des nôtres, pendant cette confrontation, demande très poliment à la prof de décrire le système politique et économique de l'État en question, les rapports gouvernants/gouvernés, ceux des gouvernés entre eux. La femme ne trouve qu'un exemple : celui de l'Arabie Saoudite! La camarade, sans doute grâce à ses parents, avait une très bonne connaissance de ce pays. Elle commence à entreprendre tout le monde sur les « bidouns » dont nous n'avions, nous, jamais entendu parler.

E. S. – Qu'est-ce que les « bidouns »?

K. M. – Ce sont, au sens propre du terme, des « gens sans nom ». Des gens qui n'étaient rien, dont la vie n'avait aucune valeur dans un système d'esclavage. Des êtres qui ne sont nulle part répertoriés, à cause de la monarchie saoudienne qui défie en toute tranquillité les lois internationales. Bref, pour nous qui étions des filles, cet État islamique sur le modèle saoudien, c'était la honte, l'inacceptable. Alors, la prof est sortie de ses gonds et elle a dit à Guenzet : « Ce ne sont pas des élèves que vous avez, ce sont des voyous ! » Il est clair, avec le recul, que cette femme était liée au mouvement des Frères musulmans.

E. S. – 1977 : tu as dix-neuf ans et tu obtiens ton bac. Tu t'apprêtes à fréquenter l'université. Un an plus tard, Boumediene mourra. Pressens-tu peu ou prou les turbulences à venir ?

K. M. – Pas le moins du monde, malgré la présence de ces clignotants dont je t'ai entretenue. Car il était impossible, à l'époque, d'en décoder le message général. Comme beaucoup d'adolescents de ma génération, je croyais que mon avenir allait s'inscrire dans la conquête difficile mais certaine de la démocratie.

Chapitre 5

CODE DE LA FAMILLE, CODE DE L'INFAMIE

Elisabeth Schemla – Tandis que tu quittes l'adolescence, Chadli Ben Djedid – encore un militaire! – arrive au pouvoir. Pour toi, militante précoce à la fac d'Alger, c'est l'heure des choix politiques fondamentaux. Tu n'en changeras plus. Ils t'amènent tout de suite à combattre sans réserve le nouveau promu du tout-puissant FLN, et ceci jusqu'à leur chute commune en 1991. Il faut dire que femme, étudiante, puis professeur bilingue, mais enseignant en français, républicaine et laïque, tu te trouves au cœur des bouleversements fondamentalistes que provoque Chadli. Tu es un modèle d'Algérienne dont le clan au pouvoir, avec tous ses moyens, souhaite l'éradication...

Khalida Messaoudi – Je suis contente de t'entendre employer ce terme d'« éradication », à propos du FLN! Car aujourd'hui, c'est moi qui suis traitée d'« éradicatrice » parce que je veux empêcher par les mots le FIS – que le FLN a lui-même sécrété – d'arriver au pouvoir, et parce que je suis hostile à toute négociation avec les intégristes.

E. S. – Je l'emploie volontairement, Khalida, pour souligner la violence extrême, renouvelée de génération en génération, dans laquelle baigne une Algérie dont les fils et les filles, trente-trois ans après l'indépendance, n'ont toujours pas pu choisir librement leur destin. Cela, tu en conviendras, constitue une hypothèque très sérieuse... Mais si tu veux bien, n'engageons pas maintenant le dialogue là-dessus. Revenons à tes débuts dans l'action politique. Pourquoi restes-tu un an avec les communistes qui ont noyauté l'Union nationale de la jeunesse algérienne, l'organisation du parti unique?

K. M. – Je me suis retrouvée naturellement sympathisante des communistes, en raison des influences dont j'ai déjà parlé. Cela m'allait très bien. Honnêtement, j'adoptais sans réfléchir la solidarité avec l'intouchable ex-URSS. J'étais dans le dogme, le comportement religieux. Mais l'université était aussi occupée par un grand courant de gauche démocratique auquel j'étais très sensible. Il se livrait à une critique au vitriol du pouvoir algérien. Tout y passait : la corruption, les choix économiques, l'industrialisation, la réforme agraire, le totalitarisme institutionnel et policier, les références culturelles et idéologiques d'un État (interprétation étroite de l'islam, histoire dénaturée de l'Algérie), pour légitimer ses décisions.

Mais tu sais, je suis une indécrottable pragmatique, toujours rattrapée par les réalités. Et les réalités pour moi se sont appelées : les femmes et la question berbère. Chez nous, la thèse bien connue de toute la gauche des années soixante-dix concernant les femmes veut que leur lutte ne soit ni prioritaire ni spécifique. Comme le problème fondamental de l'Algérie se nomme développement, la libération des femmes passe par celle des travailleurs, dont elles ne sont qu'une des composantes. La femme qui prétend le contraire et veut se saisir de cette question secondaire pour en faire une question majeure est taxée de « petite-bourgeoise à états d'âme ». J'ai été très vite en total désaccord : j'ai compris qu'il n'y a aucune révolution de ce genre à attendre d'une société patriarcale.

Par ailleurs, en 1980, éclate le Printemps berbère. Un mouvement pacifique de revendication identitaire, culturelle et linguistique, réprimé dans le sang. Le mien n'a fait qu'un tour, tu imagines! Dans le système du parti unique – que Kundera a si bien décrit pour les pays de l'Est –, une contestation de ce genre est un signe de vitalité démocratique. Or les communistes dénonçaient le mouvement culturel berbère, prétendaient qu'il était manipulé par Hassan II et l'impérialisme : inacceptable! N'était-ce pas plutôt le FLN qui fricotait avec l'impérialisme en question, puisqu'il venait de signer un accord de vingt-cinq ans avec la compagnie pétrolière américaine El Paso? J'ai eu de violentes discussions à la fac avec le chef de la cellule clandestine à laquelle j'appartenais, Slimane M. L'essence totalitaire du communisme, son incapacité à répondre aux problèmes d'une société comme la nôtre m'ont explosé au visage. J'étais déjà mal à l'aise : le « soutien critique » du PC au pouvoir était, en fait, un soutien indiscutable. Au bout d'un an, j'ai définitivement rompu. Je me suis engagée à fond dans le combat féministe, alertée par les menaces qui se profilaient.

E. S. – Veux-tu dire qu'aussitôt Chadli installé, les femmes deviennent une cible, et pourquoi?

K. M. – Chadli, contrairement à Boumediene, n'est pas un homme fort qui s'empare lui-même du pouvoir. C'est le pion avancé d'un clan, d'une tendance du FLN et de l'armée, en l'occurrence la tendance islamo-baasiste jusque-là minoritaire, qui finit par l'emporter contre les socialo-modernistes. L'objectif de ce clan, outre continuer à faire fructifier le magot algérien à son profit, est de placer le pays sous la loi de la charia. Pour réussir, il doit attaquer simultanément les trois piliers sur lesquels va reposer l'édifice : les femmes, l'éducation et la justice. En quelques années, la « réforme » sera accomplie !

E. S. – Mais te rends-tu compte tout de suite de ces intentions ?

K. M. – Non. Il nous faudra du temps pour comprendre la vraie nature de la nouvelle équipe, et ses liens profonds, cachés, avec l'internationale islamiste.

E. S. – Comment se manifestent les premières menaces sur les femmes ?

K. M. – Au tout début de l'année 1980, nous tombe dessus une directive ministérielle. Elle interdit aux femmes de sortir du territoire national si elles ne sont pas accompagnées d'un tuteur masculin, qui peut même être leur fils ! Évidemment, dans une dictature, personne ne te prévient de ce genre de décision arbitraire. Mais il se trouve que des enseignantes, inscrites en France pour leur thèse et qui s'apprêtaient à aller voir leurs directeurs de travaux, sont arrêtées à l'aéroport, empêchées de partir. L'une d'elles argue de la Constitution adoptée par référendum en 1976, qui garantit en effet l'égalité des sexes et la liberté de circulation. Elle provoque un scandale public dont *El Moudjahid* et l'hebdomadaire *Algérie-Actualités* se font timidement l'écho. Nous, à l'université, nous prenons notre courage à deux mains, nous décidons de faire une énorme pétition et nous demandons audience au ministre de l'Intérieur. Il nous reçoit, ce qui constitue déjà, à mes yeux, une première victoire. Notre détermination est totale. Alors, le 8 mars 1980, pour la Journée internationale des femmes, nous organisons une énorme A.G. et décidons de sortir manifester dans la rue pour obtenir la levée définitive de la mesure portant atteinte à la libre circulation des femmes. Le pouvoir recule : la directive ministérielle est annulée.

Mais pendant ce temps, un entrefilet dans un quotidien fait état d'un avant-projet de Code sur le statut personnel que le gouvernement souhaite déposer devant l'Assemblée. Il marquerait une régression très nette pour les femmes, et il serait totalement anticonstitutionnel. A une centaine, nous allons occuper les locaux de l'UNFA (l'Union nationale des femmes algériennes, l'organisation du parti). Nous voulons obtenir le texte secret de cet avant-projet. Elles nous répondent : « Les femmes algériennes ne sont pas conscientes de leurs droits. Il n'y a donc aucune matière à discussion » ! Nous, nous constituons un collectif, le premier.

E. S. – Combien êtes-vous à mener ce mouvement ?

K. M. – Une cinquantaine.

E. S. – Et ensuite ?

K. M. – Toute l'année 1981, malgré la répression, nous continuons. Des femmes du ministère du Plan nous font alors savoir que le Code est prêt à être débattu en catimini. Le 28 octobre 1981, nous sommes cent à manifester dans la rue. *El Moudjahid* titre : « Cent femmes en colère ». Le 16 novembre, nous sommes cinq cents devant l'Assemblée réunie en séance plénière, et nous avons ramassé plus de dix mille signatures de soutien dans toute l'Algérie. Avec deux autres copines, je suis embarquée au commissariat. Rabah Bitat, le président de l'Assemblée dont la femme, ancienne combattante et avocate est avec nous, est obligé de lever la séance. On manœuvre habilement : on nous laisse quatre jours pour « faire des propositions d'amendement au texte », toujours confidentiel. Le mouvement se divise à partir de là : il y aura celles qui accepteront le *deal*, et celles qui le refuseront. Le 23 décembre, les résistantes se retrouvent à Alger, devant la Grande Poste. Journée capitale.

E. S. – Pourquoi?

K. M. – Parce que les anciennes moudjahidats qui ont mené dans le FLN le combat pour la libération se joignent en tant que telles à nous, aux jeunes, pour la première fois. Elles sont une trentaine qui décident de renouer avec la lutte contre un pouvoir qui les a totalement trahies. Parmi elles, la légendaire Djamila Bouhired. Elles font le cordon de sécurité autour de nous. Sur nos pancartes, de très bons mots d'ordre – « Non au Code de la famille! », « Non au silence, oui à la démocratie! » et « Non à la trahison des idéaux du 1er novembre » – que les moudjahidats reprendront comme titre de la lettre ouverte qu'elles adressent à Chadli, quelques jours plus tard. Dans la foule qui observe notre manifestation avec sympathie, beaucoup de vieux qu'on entend dire : « Heureusement qu'il y a les femmes dans ce pays. Elles osent faire ce que les hommes ne font pas. » Quant à ma mère à qui j'avais proposé de venir, elle m'a répondu : « Ma chérie, si je viens, est-ce que tu me garantis qu'après ton père me laissera rentrer à la maison? »

E. S. – Quelle importance a eu la lettre ouverte des moudjahidats pour le mouvement féministe ?

K. M. – Considérable, car c'est la première fois que des femmes algériennes ne se contentent pas de dire non au pouvoir, mais énoncent par elles-mêmes leurs droits. En six points : majorité légale au même âge que l'homme, droit inconditionnel au travail, égalité devant le mariage et le divorce, abolition de la polygamie, partage égal du patrimoine commun, protection efficace des enfants abandonnés, c'est-à-dire un statut pour les mères célibataires.

E. S. – Chadli cède-t-il ?

K. M. – Oui, car la révolte des « historiques » le met dans une situation difficile. Il ne peut prétendre qu'il s'agit d'une révolte de filles de l'extrême gauche réclamant revanche sur le pouvoir bourgeois, ou de féministes en lutte contre le pouvoir misogyne. Les moudjahidats sont les femmes les plus légitimes aux yeux du peuple. Alors Chadli retire le projet de Code. Pour nous, c'est une grande victoire. Mais hélas, momentanée.

E. S. – Devant la Grande Poste, deux générations de femmes, les mères et les filles, symboliquement du moins, se retrouvent enfin côte à côte en 1981. Pourquoi les moudjahidats ne se sont-elles pas manifestées pendant près de vingt ans ?

K. M. – Je leur ai moi-même posé cette question. Elles m'ont répondu qu'elles n'avaient jamais arrêté de militer, mais que leur travail n'était pas public. Elles se sont surtout occupées des orphelins et des veuves de guerre maltraités. Mais, elles ajoutaient :

« La guerre de libération a été très dure, meurtrière, douloureuse. Nous n'avions pas de vie de famille... » Ce qui signifie qu'elles étaient prêtes à rentrer « dedans ». Quand les hommes les ont priées de le faire, elles ont accepté. Par lassitude, parce qu'elles avaient enfin droit au repos, aux enfants. Dans nos conversations, à un moment, elles avouaient aussi : « Jamais, jamais nous n'aurions imaginé que ceux aux côtés desquels nous nous sommes battues conduiraient notre pays comme ça, nous feraient ce qu'ils nous font. » L'une d'entre elles, qui malheureusement ne veut pas écrire le livre qu'elle porte, m'a dit : « Notre mise " dedans " n'a pas commencé en 1962 mais avant l'indépendance. Peu à peu, durant la guerre, le FLN nous a éliminées des maquis, nous a envoyées aux frontières ou à l'étranger. Notre rôle a été défini dès ce moment-là. Nous n'avions pas notre place dans le monde du " dehors ". »

E. S. – Qu'est devenue Djamila Bouhired, la poseuse de bombes du FLN pendant la guerre d'Algérie, torturée, condamnée à mort par la France coloniale, et qui fut aussi la femme de Jacques Vergès ?

K. M. – Figure-toi que je l'ai revue par hasard en 1991. J'étais dans un magasin à Alger, je tournais le dos à la porte quand j'entends une voix. Reconnaissable entre mille. Je me retourne, je vois une grande femme à lunettes noires. « Êtes-vous Djamila Bouhired ? – Mais... Vous me reconnaissez ? » Elle ôte ses lunettes. « Ah !... Mais vous êtes Khalida Messaoudi ! » Elle s'est mise à pleurer, j'étais moi-même dans un état de très grande émotion. Le FIS voilait, persécutait, brûlait, fouettait... déjà les femmes. Je n'oublierai jamais. Elle m'a prise dans ses bras et elle m'a dit : « Ma fille, mais qu'est-ce que vous êtes en train de vivre ? Courage, ne lâchez pas ! »

E. S. – Que se passe-t-il entre le moment où Chadli recule devant les moudjahidats et le 9 juin 1984, date à laquelle le Code de la famille entre en application après son adoption, au mois de mai, par l'Assemblée ?

K. M. – Il se passe que nous avons été moins bonnes que nos aînées. Nous pensons que le pouvoir a définitivement reculé, qu'il n'osera plus nous imposer ce Code inique, honteusement rétrograde, au nom d'une bande de voyous qui gèrent l'Algérie comme leur chose. Nous sommes toutes des laïques qui souhaitons la séparation du spirituel et du temporel, qui nous battons pour la citoyenneté. Nous voulons en profiter pour assurer un peu plus d'égalité, de justice, en faveur des femmes. Nous reprenons l'idée de la rédaction d'un manifeste des droits des femmes, proposé dès 1980 par certaines, et décidons de prendre le temps nécessaire pour rassembler le plus de signatures possible. Il est très difficile, tu sais, de ne fonctionner que par le bouche à oreille, surtout dans un pays aussi vaste. Le FLN ne nous laisse l'accès à aucun moyen de communication. Jamais. On en est réduit au système D, aux risques et périls de chacune d'entre nous. Bref, pour réunir le million de signatures que nous escomptions, il fallait de la patience. Nous commettons là une erreur fatale. Car le pouvoir, qui a des yeux et des oreilles partout, se met à frapper. La répression s'abat en décembre 1983 : la police fonce dans tous les partis clandestins, arrête tout le monde, en particulier quatre militantes. Pendant quatre mois, nous mobilisons toute notre énergie pour informer tant bien que mal sur ces emprisonnements. Le Code est alors adopté, à la sauvette, sans que nous ayons pu faire quoi que ce soit. Quelques semaines après, tout le monde est libéré, comme par hasard!

E. S. – Que contient exactement ce Code?

K. M. – Dans ce Code, les femmes algériennes n'existent désormais qu'en tant que « filles de », « mères de », « épouses de ». Elles ne sont pas des individus à part entière. En cinq points – l'instruction, le travail, le mariage, le divorce, l'héritage –, ce texte fait d'elles d'éternelles mineures, passant de la tutelle de leur père, d'un frère ou d'un proche parent, à celle du mari.

Sur le droit à l'instruction et au travail, le texte reste silencieux. Le seul rôle assigné aux femmes par le Code est celui de génitrices pour reproduire le nom du mari, de gardiennes de son bien-être ainsi que de celui de ses proches. Les femmes sont installées de fait dans une situation qui les oblige à négocier en permanence tous leurs autres droits. Par exemple, un homme qui ne veut plus que sa femme travaille peut l'y contraindre, puisqu'elle lui doit obéissance (art. 39).

Quant au mariage, qu'elles soient célibataires, divorcées, veuves avec ou sans enfants, analphabètes, instruites, femmes au foyer, magistrates ou ministres, elles ne le concluront jamais elles-mêmes (art. 11). Elles sont dépossédées de ce droit au profit d'un tuteur matrimonial, qui peut abuser de son pouvoir. Pour bien comprendre ce qu'il y a de profondément révoltant dans tout cela, prenons le cas d'une femme exceptionnelle et symbolique sur la scène politique algérienne, Leïla Aslaoui. Voilà une grande magistrate – vitriolée par les intégristes dans les années quatre-vingt, ministre en 1991-1992 puis en 1994, dont le mari a été sauvagement égorgé par le bras armé du FIS dans son cabinet de dentiste en novembre dernier – qui, si elle voulait un jour se remarier, serait obligée d'en passer par la loi du tuteur matrimonial. Te rends-tu compte du choix laissé aux femmes, en Algérie, entre le Code de l'infamie et la barbarie intégriste? Et ce n'est pas fini! Non seulement les femmes ne sont pas libres de conclure leur mariage, mais elles vivent sous la menace d'une épée de Damoclès : la polygamie, privilège honteux garanti aux hommes par l'article 8. La polygamie n'a rien à voir avec le fait qu'un homme marié ait des maîtresses, argument que j'entends souvent, employé à la fois par des hommes occidentaux et les islamistes. Seul le désir masculin et son assouvissement sont communs aux deux situations. Mais les multiples épouses et concubines n'ont pas le choix de leur statut, elles sont enchaînées juridiquement, souvent ligotées économiquement, jamais libres sexuellement de leur côté. Hélas, donne-t-on la parole à celles qui subissent cette polygamie? Et comment le ferait-on puisqu'elles sont condamnées au silence?...

Le divorce, certes, peut se faire par consentement mutuel ou à la demande de la femme dans des cas pratiquement impossibles à prouver (art. 53), mais en revanche la seule volonté de l'époux suffit. Sans conditions. Tu l'auras compris : c'est un divorce abusif, unilatéral. Une répudiation qui n'ose pas dire son nom. J'allais oublier de te parler de la pratique du khol'â, qui permet à une femme de divorcer moyennant réparation matérielle. Comme pour l'esclave, le khol'â est la rançon problématique de la liberté. Quant aux effets du divorce, ils sont dramatiques pour les femmes et les enfants. La mère a automatiquement le droit de garde, mais pas celui de la tutelle sur ses enfants : la signature du père est obligatoire pour tout, absolument tout, d'une inscription à l'école ou à la piscine jusqu'à l'autorisation de sortie du territoire national. Le logement lui est, dans les faits, toujours refusé. D'abord, quand il n'y en a qu'un pour les deux époux, il revient au mari, sans possibilité de recours aucun (art. 52 alinéa 3). Ensuite, en supposant qu'il y en ait plusieurs, dans la pratique, l'époux contourne la loi et met momentanément ses autres logements au nom d'un tiers, le temps de divorcer. Le tour est joué ! De surcroît, dans une crise économique sans précédent et un appauvrissement vertigineux, de moins en moins de familles ont la possibilité de recueillir ces femmes divorcées avec leurs enfants. Un phénomène dramatique s'est ainsi produit depuis dix ans que le Code est en vigueur : des milliers de mères traînent dans les rues avec leurs gamins, sans que l'État s'en émeuve. Une association, « SOS Femmes en détresse », qui croule littéralement sous les appels au secours, ne parvient à répondre qu'à une infime partie de ces demandes, faute de moyens.

Enfin, sur l'héritage, le législateur nous applique la charia intégrale : l'homme a droit au double de la part de la femme. Et ça, sous le prétexte que nous sommes dans une société musulmane. Mais si l'argument de l'État était juste, pourquoi alors la majorité des pays musulmans ont-ils aboli l'esclavage (à ma grande satisfaction !...), pratique parfaitement légale du point de vue de la charia ? Et pourquoi les pouvoirs ont-ils convoqué des oulémas pour produire des fatwas rendant licite l'intérêt bancaire, interdit par l'islam ? En fait, la charia est brandie aussi bien par le pouvoir que par les intégristes algériens lorsque ça les arrange. En l'occurrence, pour justifier l'oppression des femmes. Tous ces hommes – soutenus par des femmes-relais – ont une trouille monstre de l'égalité : ils craignent d'y perdre leur suprématie, et non pas leur âme, comme ils le prétendent.

E. S. – Comment se sont déroulés les « débats » sur le Code, au sein de l'Assemblée unique?

K. M. – Ils ont commencé, comme je te l'ai dit, dès 1981. Ils n'étaient pas publics. Mais, ce qui transpirait déjà dans *El Moudjahid* était scandaleux. Ce quotidien a rapporté, par exemple, qu'un député avait proposé que le Code règle juridiquement la longueur de la baguette avec laquelle l'époux devait flageller sa femme. Pour ma part, je suis en possession du *Journal officiel* des débats qui ont eu lieu en 1984, juste avant l'adoption du texte. Première remarque : l'écrasante majorité des références de nos « députés » ne sont pas la Constitution, mais la charia et l'interprétation la plus rétrograde du Coran et de la sunna, la Tradition du Prophète! Ainsi, l'un des zélés du code, Abdelaziz Belkhadem – membre du Bureau politique du FLN jusqu'à maintenant, dernier président de l'Assemblée-croupion, artisan du *deal* FLN-FIS sous Chadli en 1991, et l'un des plus importants promoteurs du « dialogue » avec les intégristes aujourd'hui... –, est allé jusqu'à proposer l'assignation à résidence pour les femmes. Au nom de la sourate « Les Confédérés », ou plutôt de sa lecture de cette sourate. Plus encore : Belkhadem a rejeté catégoriquement l'idée d'un islam moderne qui coexisterait avec les idéaux de liberté, d'égalité et de citoyenneté. Il a conclu en disant : « Le musulman sincère est celui qui se conforme à la charia dans sa totalité... Il n'existe pas d'islam ancien, médiéval ou moderne, ou bien progressiste, il n'y a qu'un seul islam. » Entendre par là, le sien, celui d'Abassi Madani, d'Ali Benhadj, du Pakistanais El Mawdoudi, du Soudanais Tourabi, *and Co*... Ces phrases, entre autres, on les retrouve dans la bouche et la propagande écrite de tous les islamistes du monde. Moi qui cherchais en 1984 les intégristes dans la rue, je me trompais de lieu : ils étaient dans le pouvoir législatif. Je m'en suis aperçue après. Le Code de la famille est aux intégristes et au FLN ce que le contrat de mariage est aux couples.

E. S. – On doit difficilement se pardonner de n'avoir pu empêcher un tel texte de passer...

K. M. – J'ai eu le sentiment de l'injustice la plus noire. Nous nous étions fait avoir, totalement, et il nous restait les murs pour nous cogner la tête ! Car ce texte, nous le savions, allait désormais structurer la société entière. Pour moi, tout cela m'a ouvert définitivement les yeux : le traître, dans cette histoire, c'était l'État algérien. Car, face à face, à ce moment-là, il n'y avait que lui et nous les trois cents, avec quelques magistrats et avocats. Une poignée de concernés. Les Algériens s'en foutaient royalement. Même pas d'islamistes dehors, pour dire : « Nous voulons l'application de la charia », puisque leurs représentants étaient dans l'Assemblée. Oui, le traître qui veut le Code, impose le Code, c'est bien l'État. Avec les femmes, il était fondamentaliste. Et sa schizophrénie – un pied dans la modernité avec l'économie et l'industrialisation, un pied dans l'obscurantisme avec nous – devait produire des mutants. Ceux que j'appelle mutants sont les jeunes sans emploi mais surtout sans repères ni valeurs, écartelés entre une tradition à l'état de trace et des bouleversements qui se contrarient sans leur apporter d'équilibre. Il y a de quoi devenir fou, et c'est ce qui s'est passé. Ils se sont jetés dans les bras du FIS, à défaut de se précipiter dans les hôpitaux psychiatriques.

E. S. – Pendant ces trois ans de lutte contre le Code de la famille, comment se sont comportés les hommes?

K. M. – Tu me fais rire! Mais à quelques exceptions près, nous n'en avons eu aucun avec nous!... Les hommes ont été les grands absents de notre combat. Cela a renforcé ma conviction que les femmes algériennes ne pouvaient attendre de salut que d'elles-mêmes. Certains ont tenté de récupérer notre lutte, à travers les femmes des partis de gauche et d'extrême gauche : pour ceux-là nous étions intéressantes comme base de manœuvre pour atteindre leurs propres objectifs. D'autres nous traitaient de « suppôts de l'impérialisme ». Enfin, il y en avait qui nous voyaient comme des empêcheuses de « classer les priorités en rond ». En Algérie, comme dans tous les régimes totalitaires, c'est ainsi : quoi que tu fasses, on te calomnie toujours. Attitude typique de l'infantilisme politique sécrété par la dictature. La rumeur remplace l'information. Nous payons cher de n'avoir aucune tradition de lutte civique.

E. S. – Veux-tu dire que la débandade des hommes algériens s'explique aussi par leur propre statut?

K. M. – Certainement. Le comportement patriarcal, seigneurial et misogyne ne fournit pas toutes les clés d'explication. Les hommes algériens sont passés directement de la soumission par la France coloniale à une lutte de libération d'où tout débat était proscrit, puis à trente ans de parti unique. Eux aussi ont été exclus de la vie politique par le FLN et l'armée, exclus du droit à la parole. Ils l'ont accepté, ils ne se sont pas soulevés, à part quelques jeunes, comme Saïd Sadi. Alors, quand une femme, des femmes, arrivent et disent : « Je veux, nous voulons prendre place dans cette vie politique », elles les mettent devant leur propre impuissance. Elles leur renvoient l'image de leur silence coupable. Elles les castrent, sans le vouloir bien sûr. Du coup, la plupart d'entre eux sont envahis par une haine à l'égard des femmes. Très peu nombreux sont ceux qui admettent qu'elles ouvrent de salutaires espaces de liberté, que leurs manifestations sont de merveilleux précédents.

E. S. – Rapproches-tu leur attitude de celle des historiens de l'Algérie, et notamment des historiens français ? Car pas un seul, à ma connaissance, ne rend aux femmes ce qui leur revient. C'est comme si, de la lutte de libération à celle pour la démocratie, elles n'existaient pas !

K. M. – Écoute, Elisabeth... Pour moi, les choses sont claires. A part le mouvement culturel berbère, ce sont les femmes, oui les femmes et elles seules, qui ont publiquement interpellé le parti unique pour exiger la mise en vigueur des principes universels, dès 1980-1981. Te rends-tu compte de ce que représentent quatre manifestations coup sur coup pour réclamer la liberté, l'égalité, la citoyenneté, dans un pays où on ne te parle de personnalité algérienne que forgée par l'islam et l'arabisme ? Eh bien, ces historiens dont tu parles, Algériens en exil ou Français, au plus profond de leur cerveau, ont exactement les mêmes réactions que tous les autres hommes. Dès qu'ils te voient, ils deviennent aveugles. Pour eux, tu restes sous le voile, dans le harem de leurs fantasmes – qui n'a jamais existé chez nous. Pour les historiens de gauche en particulier... Dans certains livres qui font autorité, où il est question des manifestations qui ont compté en

Algérie, il est symptomatique qu'il n'y soit pas fait allusion du tout à celles des femmes. Par ailleurs, un nouveau phénomène est apparu ces derniers temps : toute femme tenant un discours politique structuré qui n'entre pas dans leurs schémas est immédiatement vouée au lynchage et à la lapidation symboliques. Des chercheurs, d'autant plus dangereux qu'ils ont une autorité universitaire et intellectuelle, se transforment d'un coup en idéologues, en prêcheurs de haine, usant de l'insulte, de l'anathème, de la diffamation. C'est pitoyable, mais pas décourageant.

E. S. – Pendant ces années de combat contre le Code, tu rencontres ton futur mari, un enseignant. Or tu as affirmé que tu ne te voyais pas dans le rôle d'une épouse, et ta préférence allait probablement à l'union libre. Alors, pourquoi as-tu fini par suivre la tradition ?

K. M. – Je la suis sans la suivre. C'est-à-dire que je me marie, certes, mais avec un homme qui n'est pas un marabout et qui n'appartient pas du tout au clan. Je romps avec l'endogamie. Il fallait ouvrir la fenêtre, laisser de l'air entrer! D'autre part, nous nous marions laïquement, à la mairie. Pour faire plaisir à mon père, j'ai cependant consenti à la cérémonie religieuse. Mais attention! Dans mon milieu, cela ne signifie nullement un mariage à la mosquée, comme cela se pratique aujourd'hui. C'est une affaire privée et familiale, où officie l'oncle maternel. Nous sommes à la fin des années soixante-dix. Une époque où tout le monde pouvait donc être satisfait sans drame, les laïcs comme les observants. L'État ne s'était pas encore immiscé dans la vie privée des gens, n'avait pas encore mêlé politique et religion, comme il le fera avec le Code.

E. S. – Tu n'expliques toujours pas pourquoi tu t'es mariée...

K. M. – Dans ma tête, c'était réglé. Tout en préservant les convictions et la susceptibilité de mes parents, j'avais pris beaucoup de recul par rapport à « tu dois rester pure et vierge ». J'avais beaucoup de chance parce que mon futur mari, étant enseignant, avait déjà une chambre, et allait bientôt avoir un appartement. Te rends-tu compte du privilège que cela représente dans un pays surpeuplé où les logements manquent cruellement? En Algérie, il faut le savoir, il est à peu près impossible à un garçon et à une fille, à un homme et à une femme de trouver un endroit décent pour faire l'amour. Il n'y a pas un lieu où tu puisses être en intimité avec quelqu'un. Il y a toujours un regard sur toi. Toujours...

E. S. – Et l'hôtel?

K. M. – Tu plaisantes! Un couple ne peut pas louer une chambre s'il n'est pas marié, s'il ne présente pas un livret de famille. Même en prenant la précaution d'en louer deux pour donner le change, si le gérant flaire l'anomalie, il appelle aussitôt la gendarmerie. Quant à une femme seule qui réserve une chambre, elle est immédiatement signalée aux flics. Nous, nous avions la possibilité d'échapper à ça. Mais nous habitions dans une cité. Et la cité nous épiait, comme elle épie tout le monde. Mon compagnon n'en pouvait plus, il avait très peur pour moi, peur que les voisins me dénoncent. Alors, je l'ai épousé. Pour avoir la paix avec le voisinage.

E. S. – En somme, tu as cédé à la pression culturelle, exactement comme les filles qui portent le voile...

94

K. M. – D'abord, toutes les filles qui portent le voile, ne le font pas sous la pression... Quant à moi, j'ai cédé en effet à l'environnement étouffant. Est venu un moment où, dans la société qui est la mienne, produit singulier d'une histoire particulière, j'ai dû faire un choix. La prendre frontalement en libre penseur, ce qui supposait que j'en ai le tempérament et le statut comme Kateb Yacine par exemple : ce n'est pas le cas. Ou tenter de la transformer par une démarche lente et collective qui n'exclue pas les accommodements individuels. Empruntant cette seconde voie, je n'y ai cependant perdu, me semble-t-il, ni mes convictions ni mon âme.

E. S. – Ton mari, militant de gauche, t'a-t-il soutenue dans ta lutte féministe?

K. M. – Oui. Il m'a intellectuellement soutenue. Mais le problème, pour chacun d'entre nous, c'est toujours d'aller au bout d'un engagement, quand la vie nous confronte à nos principes. Tu as déjà vu beaucoup de privilégiés dire spontanément : « Je renonce à mes privilèges » ? Donc, quand nous avons décidé de divorcer quelques années plus tard, en 1991, le Code de la famille ayant été adopté, il avait force de loi. Je n'avais plus droit légalement au domicile conjugal, puisqu'il revient au mari. Nous avons fait une transaction. J'ai eu un sort moins odieux que la quasi-totalité des femmes, mais j'ai été humiliée d'avoir à négocier ma dignité, mon statut d'être humain à part entière. J'en ai beaucoup plus voulu à l'État qu'à mon époux. J'en resterai là. Ceci est une affaire privée.

E. S. – Après l'adoption du Code de la famille, que fait le mouvement féministe?

K. M. – A partir du moment où le Code a force de loi, notre combat ne peut plus se contenter de passer par un comité informel. Il faut que le mouvement ait un cadre permanent, efficace. Cette nouvelle structure doit être légale, reconnue. Nous nous battons pour ça, avec une préoccupation unique : l'abolition du Code. Le 16 mai 1985, à une quarantaine de femmes de toutes sensibilités politiques et de toutes les régions, nous nous réunissons à Alger pour déjeuner. Et nous fondons l'Association pour l'égalité devant la loi entre les femmes et les hommes, qui vivra jusqu'en 1989, ni autorisée ni interdite. Contrairement à ce que j'ai lu dans le numéro de janvier 1995 de la revue *Esprit*, sous la signature de Mohamed Harbi et de Monique Gadan, ce ne sont nullement les trotskistes qui ont été à l'origine de la création de cette Association, et l'une de ses prétendues fondatrices ne nous rejoindra que plus tard. La majorité d'entre nous était des femmes indépendantes des partis politiques, donc des hommes qui décidaient de leur stratégie. Une fois de plus, de bons esprits falsifient l'Histoire.

E. S. – Dans ce même numéro d'*Esprit*, à ton propos, on lit ceci : « Mon premier mouvement est d'admirer le courage de cette femme, qui risque sa vie en parlant à visage découvert, sachant qu'une grande partie de l'Algérie, et pas seulement ses amis, regarde cette émission grâce aux paraboles. Dans un second temps, je pense à toutes ces femmes en Algérie, dans les campagnes ou les faubourgs urbains : que peut représenter pour elles cette intervention ? J'imagine que, même si elles approuvent son courage, ses idées, son personnage ne peut les concerner en profondeur. C'est une femme qui a réussi, qui apparemment n'est pas mariée, n'a pas de mari, pas d'enfants, c'est une femme qui affirme du pouvoir devant des hommes : elles doivent avoir du mal à s'identifier à elle, à penser que la femme algérienne devrait être comme cela... »

K. M. – D'abord, a-t-on vu qui que ce soit se demander par exemple, à propos d'Abdelhamid Mehri, secrétaire général du FLN, s'il est marié et combien il a d'enfants ? Que les traumatisés de la stérilité se rassurent : Mehri est non seulement un époux, mais un père. Cela ne change rien à l'impopularité de cet homme, ni à la haine que portent les Algériens au parti qu'il représente, synonyme de corruption, de détournement des fonds publics, d'assassinats, de gabegie, de médiocrité. Bref, synonyme de désastre. Le statut personnel de Mehri, conforme à la tradition, ne le rend pas plus légitime pour autant.

Sur le fond, je n'ai jamais fait de sondage sur l'état de l'opinion des femmes algériennes, donc sur ma représentativité auprès d'elles, ni subi le suffrage universel qui m'aurait permis de connaître ma force d'attraction ou de répulsion. Remarquons d'ailleurs que personne ne peut savoir ce que les Algériennes répondraient, si on leur permettait de s'exprimer tout à fait librement, sans la surveillance du père, du mari, du frère ou de l'imam. Et je suis prête à parier que, dans ces conditions, elles se prononceraient pour l'éducation, le droit au travail et la liberté. Je ne peux donc répondre qu'à partir d'observations personnelles.

Un : les Algériennes vivent une situation économique des plus catastrophiques, moins de 4 % d'entre elles occupent un emploi.

Deux : 56 % sont analphabètes.

Trois : elles vivent toutes sous la loi portant le nom de Code de la famille, elles n'ont plus la protection du système traditionnel et elles n'ont pas celle de l'État.

Quatre : elles subissent la barbarie intégriste.

Dans ce contexte d'exclusion, de mise sous tutelle et de terreur, qu'est-ce que je leur propose? De se battre contre le pouvoir pour l'abrogation du Code et la promulgation de lois civiles égalitaires; contre les valeurs dominantes patriarcales; et contre les islamistes. Il est évident que toutes n'ont pas les moyens ni les soutiens psychologiques et familiaux pour mener cette triple guerre. Mais serait-ce juste, acceptable, que celles qui les ont, comme moi, ne livrent pas ce combat? Pourquoi préjuger de l'invalidité d'un modèle pour les femmes algériennes sous prétexte qu'il n'est pas le plus répandu? Pourquoi ces femmes seraient-elles condamnées à ne se projeter que dans les modèles de soumission? Au nom de quoi celles – Algériennes, et plus généralement musulmanes – qui ont l'insolence de dire «je» publiquement, le courage de s'exprimer et de rejeter le voile, de proclamer leur défense des valeurs de liberté, d'égalité et de laïcité, seraient-elles d'emblée condamnées à l'exil intérieur, à être déchues de leur identité?

Maintenant, encore d'autres questions. Faut-il à l'instar de Staline demander : «Khalida Messaoudi, combien de divisions?», pour que je sois crédible? On m'oppose que je suis minoritaire. Soit. Depuis quand, dans l'histoire des sociétés, la justesse d'un point de vue ou d'une cause se mesure-t-elle au nombre de ses supporters? Les vingt-deux hommes qui ont décidé de lancer la guerre de libération, en Algérie en 1954, ont-ils eu tort parce qu'ils n'étaient que vingt-deux? Dans la France révolutionnaire, Olympe de Gouges a été décapitée parce qu'elle défendait les droits des femmes et des Noirs. Avait-elle tort pour autant? Hitler, porté au pouvoir par des millions de voix au suffrage universel, avait-il dès lors raison?

E. S. – Ne sous-estimes-tu pas, cependant, l'intériorisation par les femmes des obligations auxquelles les soumet l'islam?

K. M. – Primo, le système traditionnel patriarcal en Algérie est plus puissant que l'islam, et il l'a prouvé. En effet, l'islam a été obligé de se superposer à des structures socio-économiques préexistantes. Secundo, l'islam, en dehors de ses cinq piliers – la profession de foi, la prière, le ramadan, le zakat [1] et le pèlerinage à La Mecque pour ceux qui le peuvent –, a autant d'obligations que d'écoles d'interprétation. Ainsi, en Algérie, la femme mozabite, aussi musulmane que la femme chaouie, est assignée à résidence alors que la deuxième sort parce qu'elle est obligée de nourrir sa famille. Autre exemple, des régions entières ont privé leurs femmes d'instruction, tandis que, chez les Touareg, aussi musulmans que tous les autres, ce sont les femmes qui sont lettrées, chargées de transmettre la culture et l'écriture parce qu'elles sont sédentaires. Donc, tu vois bien que les valeurs intériorisées sont les valeurs des dominants dans la société, même si celles-ci sont justifiées et légitimées par le religieux. Lorsque Bourguiba en Tunisie décide, en 1956, de promouvoir l'égalité des sexes, il convoque des oulémas et leur demande de se débrouiller pour légitimer cette égalité par l'interprétation du texte sacré. Ce qui se fit. Jamais les Tunisiennes n'ont pensé y avoir perdu leur culture, leur patrimoine ou leur foi.

E. S. – Et le pouvoir que tu affirmerais devant des hommes?

---

1. Le zakat : impôt obligatoire, selon la charia, pour les croyants d'une autre religion. Il représente un pourcentage sur la fortune, versé annuellement aux pauvres.

K. M. – Ce genre de questions, vraiment, ne me concerne pas. Et si les femmes avaient du pouvoir, cela ferait longtemps que le Code de la famille aurait sauté ! L'auteur, que je ne connais pas, appellerait-il « pouvoir » le fait que je parle et que je ne dise pas en toute occasion : « *Anaâm, sidi* », « Bien, Majesté » ?

Chapitre 6

KHOMEYNI, CONNAIS PAS!

Elisabeth Schemla – Pendant ces années que nous évoquons, se produit un événement capital pour le monde musulman : la révolution iranienne. Ses conséquences sont terribles pour l'ensemble d'un peuple, en particulier pour les femmes. Je suppose qu'afin de nourrir ta réflexion et ta lutte tu as observé à la loupe la montée en puissance de Khomeyni?

Khalida Messaoudi – J'aimerais pouvoir te répondre oui. Hélas, ce n'était pas du tout le cas.

E. S. – Suggérerais-tu que tu es passée à côté?

K. M. – Absolument. Comme la quasi-totalité des Algériennes engagées dans le combat féministe, mais pas seulement elles. Je vais essayer, honnêtement, de débroussailler les choses. D'abord, nous vivions sous un régime d'information d'État. La ligne officielle, à la radio, à la télévision et dans les journaux, c'était du matraquage : « Vive la révolution iranienne! », « Vive Khomeyni! ». On y exaltait le triomphe d'un mouvement de libération nationaliste et musulman sur l'impérialisme américain.

101

D'autre part, le pouvoir a systématiquement censuré toutes les atteintes aux droits de l'homme commises par Khomeyni : milliers de pendaisons sur la place publique, arrestations, tortures, etc. C'était notre seule source de renseignements. On ne trouve pas les journaux français en Algérie, et ma génération n'est de toute façon pas très branchée sur cette presse, puisque nous avons grandi sans elle. D'ailleurs, se faisait-elle vraiment l'écho de la situation réelle en Iran ? N'a-t-elle pas elle aussi, dans son ensemble, voulu se cacher la face devant les mollahs, comme elle le fait aujourd'hui devant le FIS ? N'oublie pas non plus qu'alors l'Algérie servait d'intermédiaire pour débloquer les fonds nécessaires à la révolution, qu'elle a joué un rôle déterminant entre l'Irak et l'Iran durant le conflit, offrant ses bons offices lors de la prise d'otages de l'ambassade américaine. La Realpolitik n'est pas étrangère à l'attitude du pouvoir... Enfin, à cause de notre propre histoire, de la guerre de libération, les Algériens ont une sympathie automatique pour toute révolution, qu'elle soit cubaine, vietnamienne ou iranienne.

E. S. – Crois-tu vraiment que le muselage de l'information soit suffisant pour expliquer cette cécité ?

K. M. – Souviens-toi toujours que nous sommes à gauche... Dans ce collectif « Femmes » dont je t'ai parlé, au tout début de la révolution iranienne, nous avons eu quelques débats. La grande majorité des enseignantes soutenait la « victoire des masses populaires contre la bourgeoisie nationale et internationale ». Je me rappelle que trois seulement criaient à l'horreur, affirmaient qu'une révolution qui voile les femmes, les enterre, ne peut en rien être libératrice. Elles annonçaient même que ce serait épouvantable, en particulier pour les femmes emblématiques, artistes, intellectuelles... L'une d'elles nous a jeté à la figure : « Je vous donne rendez-vous dans dix ans, on verra où en sera votre révolution ! » Elles ont rédigé un tract de soutien aux Iraniennes, et les trois malheureuses sont allées toutes seules les distribuer dans les boîtes aux lettres d'Alger ! Je n'ai pas bougé, même si je sentais confusément qu'elles étaient dans le juste. Je me raccrochais à cet argument massue qu'on leur opposait : « Les Iraniens, ce sont des chiites, nous sommes des sunnites, jamais nous ne tomberons là-dedans. » En mon for intérieur, je me disais que, pour les femmes, je ne voyais pas trop la différence entre sunnites et chiites. Néanmoins, je n'avais pas envie de réfléchir à tout ça : l'Iran, c'était loin, très loin de nous, géographiquement, et intellectuellement. J'en suis restée là, et puis on n'en a plus parlé du tout. Bref, j'ai fait l'autruche.

E. S. – Te sens-tu coupable ?

K. M. – Pire que ça. Je me suis laissée aller à un aveuglement criminel. Aujourd'hui, quand je souffre de tous ces viols, de tous ces assassinats de femmes et de jeunes filles par le FIS, je trouve ma réaction indécente. A refuser de voir ce qui se passait en Iran, je ne me suis pas donné les moyens de prévenir la mort de ces Algériennes, d'empêcher qu'à dix-sept ans Katia Ben Gana perde la vie parce qu'elle ne voulait pas porter le voile...

Aujourd'hui, quand je lis sous certaines plumes, par exemple, qu'en Algérie un conflit de classes oppose un pouvoir de nature bourgeoise à une opposition islamiste de nature populaire, j'ai envie de cogner. Mais tout de suite après, je me dis : « Toi, n'as-tu pas fait la même chose avec les Iraniens? N'as-tu pas souscrit à une lecture marxiste de cet événement, qui t'arrangeait comme elle arrangeait tout le monde? N'as-tu pas préféré ton confort intellectuel? » Cette lâcheté qui a été la mienne, je la retrouve chez un certain nombre d'Occidentaux et de Maghrébins à qui je réclame maintenant leur soutien, et qui ne me l'accordent pas. Je la reconnais. Je reconnais cette propension qui a été la mienne à plaquer des catégories, des concepts, des grilles d'analyse qui dispensent de la solidarité. Mais ma propre défection à l'égard des Iraniennes m'a appris à ne pas juger cette absence de solidarité à l'égard de mon combat. J'ai toujours autant honte d'avoir lâché les Iraniennes, et j'aimerais voler à leur secours. Mais je ne peux plus que les soutenir en paroles; souligner qu'au voile de la terreur que les mollahs ont mis sur elles se superpose le voile de notre silence. Des milliers et des milliers de femmes sont emprisonnées par les commandos de pasdahans, pour un hidjab d'où dépasse une mèche de cheveux, ou dont la couleur n'est pas conforme. Des femmes sont lapidées dans le cadre d'une loi qui fixe jusqu'à la taille de la pierre à utiliser pour la lapidation. Tiens, regarde le document... Le malheur, c'est que je ne peux plus rien pour elles, parce qu'en Algérie je suis désormais dans la même situation qu'elles... Fondamentalement, nous sommes confrontées au même système totalitaire à arguments religieux. Là-bas, il est en place depuis quinze ans, les « masses » sont toujours plus écrasées. Ici, il menace de s'installer parce que nous avons collectivement fermé les yeux.

E. S. – Pendant que tu fermais les yeux, les intégristes, eux, n'ont-ils pas immédiatement tiré les leçons de l'arrivée au pouvoir de Khomeyni?

K. M. – Évidemment! Mais j'ai mis deux ans pour commencer seulement à m'en rendre compte. Il a fallu du recul pour comprendre que la révolution khomeinyste avait ouvert la porte de tous les possibles au mouvement islamiste algérien. Elle lui a prouvé que la conquête du pouvoir est non seulement possible, mais qu'elle peut se faire rapidement, pour peu qu'il s'en donne les moyens. Et c'est exactement ce que les intégristes ont entrepris, sans que je sois capable, pas plus que d'autres, de relier entre eux les signes apparemment dissociés de leur nouvelle stratégie. Les islamistes, clandestinement, se sont réorganisés. Ils ont intensifié la Daâwa (le prosélytisme) et l'endoctrinement des foules, pour qu'elles soient prêtes à imposer l'État islamique, le jour J. Par ailleurs, ils ont décidé de harceler le régime. Sur deux plans. Politique, en favorisant l'émergence de figures charismatiques incarnant la nation, comme Abassi Madani. Militaire, en créant une organisation armée dont l'objectif était de s'emparer des rênes par la violence, si nécessaire. Mais moi, dans ma fac, comment pouvais-je discerner tout cela?

E. S. – Tu n'as pas su analyser la montée de l'intégrisme. Facile à dire après coup? Mais quand même... Dès 1975, il y a eu des affrontements violents à la faculté de droit d'Alger entre étudiants progressistes et islamistes. En 1982, un étudiant, Kamal Amzal, est assassiné à coups de hache et de sabre par un groupe intégriste dans la cité universitaire de Ben-Aknoun, et douze autres jeunes gens sont blessés. Dans les centres et les cités universitaires de tout le pays, des agressions ont lieu. A cette époque, une organisation clandestine, le Mouvement islamique algérien (le MIA), est créée par Mustafa Bouyali. Ces intégristes attaquent des carrières pour voler de la dynamite et s'emparent de quelques armes, ici et là. Ils prennent ensuite le maquis : l'affaire fait grand bruit. En 1984 à Kouba, les obsèques de Soltani, l'un des idéologues de l'islamisme algérien, provoquent une manifestation impressionnante. Enfin, les bouyalistes assaillent en 1985 la plus grande école de police algérienne à Soumaâ, entre Alger et Blida. Même dans un régime dictatorial où l'information est muselée, on sait. Alors, quelle attention accordes-tu à ces événements, pendant que toi-même tu te bats contre le Code de la famille ?

K. M. – Je suis révoltée, indignée par l'assassinat de Kamal Amzal. Et toute cette violence intégriste naissante me préoccupe beaucoup. Mais je n'ai certainement pas conscience du danger réel. C'est assez compliqué à expliquer. Cependant, je crois très important d'y parvenir, car on retrouvera à peu de chose près le même dispositif psychologique, en 1990, lorsque nous croirons stupidement que le FIS n'a aucune chance de remporter les élections municipales, puis, en 1991, les législatives.

D'abord, nous, étudiants et enseignants de gauche ou d'extrême gauche, militants berbéristes, nous occupons seuls le terrain de la contestation. Dans les facs, nos tracts et nos affiches sont sur tous les murs, nous tenons tous les comités. Nous sommes uniquement habités par la haine que nous inspire le FLN et, pour nous, le seul combat que mérite l'Algérie, c'est le combat démocratique. Nous sommes convaincus que ce modèle est le seul qui pourra abattre le parti unique, qu'il est le meilleur remède contre le totalitarisme. Il ne fait aucun doute, pour nous, que la démocratie sera la prochaine étape, dans l'histoire de notre pays. D'ailleurs, les flics nous épient, nous traquent, nous pourchassent pour le moindre papier ronéoté, pour la moindre Ligue des droits de l'homme que nous essayons de mettre sur pied. En mai 1981, par exemple, ils arrêtent tous les animateurs du mouvement démocratique de l'université d'Alger. La répression est très dure, et nous avons fort à faire pour survivre. Aussi, quand Kamal Amzal est assassiné par une milice islamiste qui comprend beaucoup d'éléments extérieurs à l'université, nous sommes déboussolés d'avoir à affronter un autre type de violence. Et, même si les meurtriers de Kamal sont arrêtés, ce qui l'emporte chez nous – de loin, de très loin, Elisabeth –, c'est un terrible, un ravageur sentiment d'injustice. Le pouvoir, qui ne nous laisse pas un instant de répit, considère de fait les intégristes comme beaucoup moins dangereux que les démocrates! Et rien qu'à la fac nous le constatons. Ainsi, après l'arrestation des assassins de Amzal, trois dirigeants islamistes, Madani, Sahnoun et Soltani, appellent à une manifestation pour protester contre leur emprisonnement. Ils réclament à Chadli, entre autres, une arabisation plus effective de l'éducation, l'interdiction du commerce de l'alcool, et... une réglementation du statut personnel, plus conforme à la charia! Tu entends? Et je le répète, nous sommes en 1982, deux ans avant l'adoption du Code de la famille. Alors, que fait Chadli? Il les arrête... et les libère quelques jours après.

Encore un autre exemple. Quand les étudiants démocrates dont je te parlais sont arrêtés par le pouvoir, les islamistes s'emparent de tous les comités. Lorsque nos amis sont relâchés et demandent de nouvelles élections à l'université, les Barbus refusent : ils dénient toute légitimité au vote démocratique et ne se gênent pas pour le proclamer. Ils répondent avec des chaînes de vélo à ceux qui essayent de leur barrer la route, il y a des blessés. Le pouvoir laisse faire. Une autre fois, ils décident d'annexer une des quatre salles de travail de la fac pour en faire une salle de prière. Là encore, les étudiants ripostent, en vain. Ordre est donné de laisser la salle aux intégristes.

Nous savons aussi ce qui se passe partout en Algérie. La gestion des mosquées a été abandonnée par le pouvoir aux islamistes. Ceux-ci ont trouvé une astuce pour contourner la réglementation, qui veut que toute mosquée achevée soit mise sous tutelle du ministère des Affaires religieuses, de l'islam institutionnel. Et le FLN ne leur oppose aucune réplique. On compte par milliers ces lieux de culte où retentissent des prêches incendiaires contre les femmes, la culture, la musique, les « mœurs occidentales », la boisson, et bien sûr l'État lui-même qu'ils vomissent, quoiqu'il soit leur allié objectif. Dans la mosquée la plus proche de mon domicile, dans la cité Baranès, sais-tu qui est imam, à ce moment-là? Mahfoudh Nahnah, le futur président du Hamas algérien... On y distribue des tracts, des petits livres politiques qui appellent à la création d'un État islamique. Dans les sous-sols de ces mosquées, des jeunes sont entraînés aux sports de combat. A cette époque, vers la toute fin des années soixante-dix et la première moitié des années quatre-vingt, le FLN n'autorise que deux sortes d'associations : les associations sportives... et religieuses! Nous avons affaire à un maillage très serré, à des circuits parallèles que le pouvoir tolère, alors qu'il nous écrase. Et s'il les tolère, c'est qu'il croit pouvoir les gérer et les utiliser contre nous, les opposants démocrates, laïques, qui refusons cette identité arabo-musulmane exclusive et la dictature qu'il veut imposer à l'Algérie. De plus, Chadli a engagé sa réforme de l'enseignement qui livre l'école aux intégristes : nous sommes mieux placés que quiconque pour le savoir. Alors, comment veux-tu que nous n'en ayons pas gros sur le cœur, d'abord à l'égard de ces pourris qui tiennent les manettes? Bien sûr, nous comprenons que les islamistes sont des totalitaires, pas besoin d'être une lumière pour ça! Mais, tout en n'ignorant rien de la complicité d'État dont ils disposent, nous n'imaginons pas qu'ils pourront devenir une vraie force politique... Nous sous-estimons complètement le fait qu'ils sont en train de canaliser à leur profit l'échec économique du FLN et l'appauvrissement des populations, que la gauche est peu à peu dépossédée de l'analyse de ce mécontentement général. Parce que nous sommes persuadés que la démocratie est pour demain, nous croyons, sans y réfléchir vraiment, que l'apprentissage de la liberté fera bientôt découvrir aux foules la folie des intégristes. Erreur majeure!

E. S. – Les Algériens sont donc responsables, selon toi, de l'émergence du totalitarisme islamique sur leur terre?

K. M. – Comment pourrait-on prétendre le contraire? S'il est incontestable que l'Arabie Saoudite et l'Iran, chefs de file de deux internationales islamistes, soutiennent et financent les mouvements intégristes algériens, qui le leur permet? Nous, les Algériens. Soit par complicité idéologique pure et simple, soit parce que nous avons mis en place toutes les conditions qui les autorisent à interférer dans nos affaires, soit parce que nous avons sous-estimé le danger. Cette responsabilité première, il nous faut l'assumer. Il serait dangereux pour la pensée, pour la réflexion sur les rapports entre l'islam et le politique, la religion et l'État, de se dérober. Voilà plus de trente ans que nous vivons dans une folie intellectuelle et psychologique organisée et entretenue par le régime : le rejet absolu de la faute sur l'autre. Or n'est-ce pas Chadli qui, à partir de 1982, multiplie les contacts avec l'Arabie Saoudite, et autorise la Ligue islamique de ce pays à s'activer ouvertement en Algérie ? Moi, ma première contestation, depuis que j'ai un peu grandi, a toujours été d'affirmer : « C'est nous qui sommes moches, pas les autres ! » Même s'il y a là de l'excès. Mais si tu ne fais pas ça, en Algérie, l'esprit crève. Il ne s'agit pas non plus de s'autoflageller. Mais juste d'avoir le courage de s'aimer assez comme Algériens et d'accepter de se regarder en face pour voir ce qui ne va pas, et y remédier. Des écrivains, des romanciers, des dramaturges, des artistes, des intellectuels, des journalistes, quoi qu'on en dise, l'ont fait, et ils n'en sont que plus admirables.

E. S. – Quand as-tu fini par ouvrir vraiment les yeux sur l'Iran ?

K. M. – Je me suis réveillée en 1989 seulement, quand des femmes algériennes ont commencé à être persécutées par les islamistes. Et quand, à la même époque, je rencontre enfin des femmes iraniennes qui ont fui leur pays et se sont installées en Occident. Elles ont confirmé les informations du réseau « Femmes vivant sous la loi musulmane », qui collectait tous les témoignages qu'il pouvait obtenir sur ce qui se passait en Iran, mais aussi en Irak, au Pakistan, en Afghanistan, au Bangladesh. 1989... Pour nous, c'était le début de la grande tourmente.

Chapitre 7

UN PROFESSEUR DANS LA TOURMENTE

Elisabeth Schemla – En 1982, diplômes acquis, te voilà professeur de maths. Tu débutes assez curieusement ta carrière d'enseignante...

Khalida Messaoudi – Tu veux dire que je ne la commence pas! On me donne une affectation à quarante kilomètres d'Alger. Sans voiture, et compte tenu de ce que sont les transports publics, il m'est impossible d'accepter ce poste. Mais, comme je me méfie des ronds-de-cuir qui font la loi, je vais me renseigner dans plusieurs lycées d'Alger, et j'apprends qu'il y a des postes vacants. Ni une ni deux, je me rends à l'Académie, j'explique mon affaire, et le type qui me reçoit me répond : « Je n'en ai rien à foutre! » Et il me met pour un an en congé sans solde! C'est ça l'Algérie du FLN, l'Algérie de la corruption généralisée où on se fiche complètement de l'intérêt des élèves. Des bureaucrates bloquent des postes et les réservent à leurs connaissances, dont ils attendent en échange des services pour eux-mêmes ou leur famille. Du coup, pour vivre, j'ai donné des cours particuliers puisqu'en Algérie il n'y a pas d'écoles privées. Ce qui signifie, soit dit en passant, que si l'État ne respecte pas l'enseignement, élève ou professeur, tu n'as aucune échappatoire...

E. S. – En 1983, tu es affectée dans un lycée populaire de ton quartier. Tu y resteras trois ans. Mais tes relations avec le proviseur sont tumultueuses. Pourquoi ?

K. M. – Là encore, j'ai affaire à ce système pourri. Ce proviseur est un ancien moudjahid qui, à ce titre, a débuté comme instructeur. Grâce à sa carte du FLN, il a été promu à la tête de l'établissement, sans avoir aucune compétence. Il était idéologiquement complètement embringué dans la défense du parti unique, et nous nous entendions très mal. Il finira d'ailleurs par avoir ma peau, en 1986. A cause d'un différend sur notre conception du patriotisme.

E. S. – C'est-à-dire ?

K. M. – Cet homme, à la rentrée 1984, applique une décision ministérielle : il instaure dans le lycée la pratique de la levée et de la descente des couleurs, le premier et le dernier jour de la semaine ! Ça ne te rappelle pas les pratiques de tous les national–quelque chose, de Pétain à Saddam Hussein ? Voilà que le jeudi matin, donc, il faut faire sortir les élèves dix minutes avant midi, appel fait, soit un bon quart d'heure en tout, pour qu'ils regardent descendre le drapeau et chantent l'hymne national. Alors qu'ils ont le bac à passer, et que c'est la matinée des corrections et des exercices de synthèse. Moi, j'ai une responsabilité vis-à-vis d'eux. Un jour, j'en ai assez de ces idioties, j'explique longuement aux gamins ma position, et je décide que nous n'irons pas avant midi. Dans la cour, toutes les classes, en rang, nous attendent. Le proviseur me fait un geste très grossier

112

devant tout le monde. Je réagis vivement. Il me répond : « Votre refus d'assister à la cérémonie des couleurs est passible d'une condamnation, de par la loi. » Ce qui est exact. Je réplique en arabe : « Si on vous a demandé de balancer les gens, allez-y! Faites votre rapport, je ferai le mien... Je rends plus hommage à ceux qui sont morts pour la libération du pays que vous. Par mon travail, au service des élèves. Les moudjahidin ont payé de leur vie pour que nos enfants aient droit au savoir, pas pour en être volés. »

A la rentrée suivante, il me pénalise en ne me donnant que des classes littéraires en arabe. Je refuse cette mesure arbitraire. Je décide de continuer à faire mes cours en français, comme je sais les faire. Ce n'est pas pour moi un problème de langue, puisque je maîtrise parfaitement l'arabe classique. Mais l'arabisation à l'algérienne de l'enseignement a entraîné, en maths, une modification inacceptable du contenu – imprécision des concepts, absence de rigueur dans le raisonnement –, comme si les mathématiques n'étaient pas une science exacte! J'explique ma démarche aux élèves, qui me soutiennent, j'envoie une lettre à leurs parents et à l'inspecteur d'Académie. Une semaine après, lorsque j'arrive le matin au lycée, le gardien m'arrête et me lance : « Vous ne faites plus partie de l'établissement. » Eh oui, le planton! Je vais voir l'inspecteur qui commence à se lasser et me dit : « Trouvez-vous un poste vous-même, et on vous y affectera. » Je n'ai aucun piston. Personne pour m'aider. Alors, j'ai l'idée de retourner dans mon lycée Hassiba-Ben-Bouali. La directrice m'y accueille à bras ouverts, et je commence le jour même. Mais elle me met en garde : « Attention, Khalida! Le nombre de classes bilingues diminue chaque année. Il faut que tu te prépares à prendre des classes en arabe. » Et c'est ce que je ferai dès la rentrée suivante où j'aurai un cours en arabe, très mal à l'aise d'avoir à enseigner les maths du programme en cette langue, d'où la rigueur intellectuelle commence à disparaître.

En 1989, toutes les classes du lycée sont en effet arabisées. Comme je ne veux pas changer de métier, je demande à être affectée au lycée Descartes, ex-Fromentin, ce lycée qui a été le tien, Elisabeth. Il vient seulement d'être nationalisé, mais une partie de l'établissement reste bilingue, et ils ont besoin de professeurs. Comme tu le sais, c'est un lycée qui a toujours été d'un excellent niveau, avec un taux de réussite au bac très glorieux. En ce sens, j'y suis heureuse. Mais dans l'autre filière du lycée, les dégâts de l'arabisation se font terriblement sentir. On a tué la philo, on a tué Darwin, on a éliminé tous les textes qui aiguisent le sens critique. J'enrage de voir que les programmes et la qualité de ma section ne sont pas proposés à tous les jeunes Algériens. De quel droit les responsables de la nation estiment-ils que cette jeunesse n'en est pas digne, alors qu'eux-mêmes choisissent les classes bilingues pour leurs enfants ? Comment ne pas en tirer la conclusion que, pour ceux qui nous gouvernent, l'arabisation est un moyen de contrôle social absolu, un instrument d'aliénation des foules, tandis qu'ils assurent à leur profit la reproduction de l'élite ?

E. S. – Ainsi, en quelques années, se font sentir les effets dévastateurs de la réforme engagée par Chadli en 1980. Elle a définitivement consacré ce que Boumediene avait mis en route. Désormais, du primaire à la fin des études universitaires, le français, langue de l'ex-occupant toujours honni, langue otage des houleuses relations franco-algériennes, est évacué. Par ailleurs, en effet, le contenu de l'enseignement ne peut que fabriquer des intégristes. Peux-tu donner des exemples précis de cette dérive ?

K. M. – Une anecdote concernant le primaire, entièrement placé sous le signe du Coran. C'est le fils d'une amie qui nous l'a relatée. Son instituteur a demandé à tous les élèves d'apporter un bouchon de liège, pour faire un exercice pratique. Le lendemain, seule une partie des enfants, dont ce gamin, est en possession du petit objet. Pourquoi ? Parce que, chez nous, le bouchon de liège est réservé aux bouteilles de vin, et que beaucoup d'Algériens ne boivent pas d'alcool. Ceux qui ont leur bouchon sont très fiers. Mais d'exercice, pas question ! C'était un piège. L'instituteur terrorise les gosses « coupables », se lance dans une violente diatribe contre leurs parents mécréants qui vivent en contradiction avec la charia. Il leur explique que c'est à eux de faire régner la loi de Dieu, sinon ils iront en enfer où Satan les attend. D'ailleurs, si leurs mères ne portent pas le foulard, elles seront pendues par les cheveux, etc. Des histoires comme celle-ci, j'en connais des centaines.

Maintenant, pour le secondaire, je crois qu'il est intéressant de feuilleter le manuel de littérature et de lecture arabes de la classe de seconde, par exemple. Un livre « pensé » et fabriqué par l'État. Chapitre 2 : Le Coran et les hadiths ; chapitre 3 : L'art du discours d'un aïeul du Prophète, du Prophète et de Ben Badis ; chapitre 4 : L'art du conseil, celui d'une femme à sa fille qui s'apprête à se marier (ou comment devenir l'esclave de l'homme) ; chapitre 5 : De la charte de la guerre, selon le premier calife inspiré, Abou bakr Essedik ; chapitre 6 : Les Proverbes et les Sagesses, texte de l'imam Ali ; enfin, pour toute la magnifique et si riche poésie arabe... trois poèmes, dont un de l'émir Abd el-Kader, dont on ne précise évidemment pas qu'il était franc-maçon ! De tout cela, que peut-il sortir ?

E. S. – Toi-même, subis-tu des manifestations d'intégrisme? Comment réagis-tu, maintenant que tu détiens l'autorité du professeur?

K. M. – La première, je crois, je la trouve dans une copie d'élève qui commence par : « Dieu tout-puissant et miséricordieux... », et se termine par : « C'est Dieu qui est responsable de ma réussite ou de mon échec. » Puis, c'est un garçon de terminale qui ne me regarde jamais dans les yeux quand je l'interroge, qui a en permanence le regard baissé. Je sais par des collègues qu'il est fondamentaliste, hostile à la mixité. Un jour, il demande à me parler à la fin du cours « parce qu'il y a un problème ». Alors, il me dit avec éloquence : « Madame, nous vous aimons beaucoup, nous vous respectons comme notre mère, comme notre sœur... » J'avais déjà compris, mais j'ai joué l'idiote : « Qu'est-ce qui ne va pas? Je vais trop vite en classe? Ou bien je parle en français, et vous n'arrivez pas à suivre? – Non, non, ce n'est pas ça du tout! Simplement, il vous manque quelque chose... – Ah, et quoi ? – Vous savez, madame, vous êtes jeune, nous aussi, et quand il y a des hommes et des femmes dans le même endroit... » Les yeux toujours baissés : « Il y a Satan, et pour éviter que Satan nous joue des tours, il vous manque la sotra. » Sotra, c'est un mot très fort, qui signifie littéralement « voiler ». Bref, il me demande de mettre un hidjab. J'ai discuté longuement avec lui et je l'ai prévenu gentiment : « Ce qui compte entre vous et moi, en classe, c'est que vous passiez votre bac. Si je manque à mon devoir de professeur pour assurer votre réussite, vous serez en droit de réagir. Pour le reste, sachez que je ne porterai jamais le hidjab. A partir de là, vous êtes libre de venir en cours, ou non. » Il disparaît pendant une semaine. Ça m'inquiète, car ma responsabilité d'enseignante est d'éviter de l'exclure, à tout prix. Je sais quelle vie il mène. Nous nous trouvons dans un quartier très populaire, et ce garçon habite dans une cité proche du lycée, avec toute sa famille. Onze enfants, dans un deux pièces. Il n'a aucun lieu pour travailler. Sauf la mosquée, qui est à cent mètres de chez lui et qui est tenue par les islamistes. Ils y ont ouvert des salles d'étude, des cours de soutien. Moi-même, en dehors des heures normales, je donne des cours de rattrapage, justement pour aider ces jeunes. Si bien que les Barbus considèrent peut-être que je leur fais de la concurrence. Tous les jours, ce jeune entend des prêches politiques. Compte tenu de tout ça, il ne peut que devenir intégriste! Bref, je parle de cette histoire à deux de ses camarades, et ils m'avouent que le gamin a honte de son attitude, et ne sait plus comment réintégrer le lycée. Ils finissent par le convaincre que je l'accepterai volontiers, sans rancune. Et quand il revient, je l'interroge au tableau, en prenant soin de lui donner un exercice très faisable, pour lui montrer que l'affaire est classée.

E. S. – Qu'est-il advenu de lui?

K. M. – Il a passé le reste de l'année les yeux à terre, et il a réussi son bac... En 1992, alors que j'allais voir une tante malade à l'hôpital, j'ai entendu que l'on m'appelait. J'ai vu un grand, beau jeune homme en blouse blanche. C'était lui. Médecin, en première année de spécialisation. J'avais déjà eu des problèmes avec les intégristes et il m'avait vue lors du face-à-face télévisé qui m'avait opposée à Abassi Madani. Il a tenu à me manifester son soutien.

E. S. – Cet exemple plaide pour la tolérance...

K. M. – Ce serait trop simple de l'interpréter ainsi, et très dangereux! Disons qu'à cette époque où l'intégrisme commençait à prendre, comme c'est le cas aujourd'hui dans les banlieues de France, la fermeté que j'ai opposée à ce garçon l'a obligé à se déterminer. Sans cela, il n'aurait probablement pas suivi le même chemin. En fait, il n'était pas profondément un militant, et il voulait s'en sortir par les études que, par ailleurs, je plaçais au-dessus de tout, faisant publiquement du prosélytisme pour l'école. Je crois que cette double détermination qui était la mienne lui a permis de faire un vrai choix. Je suis convaincue que c'est la seule attitude à adopter, tant qu'il en est encore temps. Après, lorsque la faiblesse de l'autorité – au nom de grands principes – a ouvert la voie à l'intégrisme, personne ne peut plus résister à la déferlante.

E. S. – D'autres exemples d'intégrisme?

K. M. – Oh, oui! Sur un autre terrain, toujours à la même époque. Chaque matin, dans une de mes classes, je trouvais une croix gammée dessinée au tableau... Je t'ai raconté que j'avais découvert l'existence de l'Holocauste, lors de mon premier séjour en France en 1979. Du bouleversement que j'avais ressenti j'avais tiré quelques conclusions. Et d'abord, qu'une école qui n'enseigne pas le génocide des juifs par les nazis dans les cours d'histoire, et n'en fait pas un des composants de la mémoire de l'humanité, ne forme pas des citoyens démocrates. Sans connaissance de la valeur sacrée qu'est la liberté, et de son contrepoint, le totalitarisme, pas de responsabilité de l'esprit. Bref, cette croix, tous les jours, ça me fichait en l'air. Je n'arrivais pas à savoir qui en était l'auteur. J'ai annoncé à la classe que je ferai grève jusqu'à ce qu'il se découvre. Ce que j'ai fait. Au cours suivant, l'élève s'est dénoncé, en me disant qu'il continuerait. Je l'ai fichu à la porte, en le prévenant qu'il ne rentrerait plus jusqu'à ce qu'il consente à ne plus dessiner cette croix sur le tableau. Il a fini par revenir, plusieurs jours après. J'ai fait un discours violent sur l'autorité, et j'ai décidé de parler de la croix gammée, du nazisme et des juifs. Après tout, si je milite pour la liberté, je me dois d'enseigner le génocide! J'ai interrogé cet élève : « Sais-tu ce que signifie cette croix? » Il en ignorait à peu près tout. En insistant, j'apprends que c'est un collègue, prof d'histoire et de géographie, qui leur a expliqué qu'Hitler était un type très bien, parce qu'il avait tué les juifs, qu'il avait été en passe de tuer aussi tous les Occidentaux mécréants, communistes, francs-maçons, etc. Bien sûr, il leur a parlé en arabe. Alors moi-même, j'ai dit ce que j'avais à dire en arabe. Et j'ai fait valoir ce que je croyais alors : que les Arabes, étant des Sémites, devaient subir le même sort que les Juifs. En fait, j'étais terrifiée pour leur avenir et celui de notre pays. Ces élèves avaient à peine cinq ou six ans de moins que moi : comment en si peu de temps l'école algérienne avait-elle pu former de tels zombies, esprits faibles, manipulables, violents et haineux, prêts à gober toutes les saloperies? C'était le résultat d'un programme d'histoire consacré pour les trois quarts au Moyen-Orient, et d'un matraquage quasi quotidien à la télévision qui présente le conflit israélo-palestinien sur le mode exclusif antijuif.

E. S. – On voit bien, d'après ton récit, qu'auprès des jeunes se conjuguent l'influence de la mosquée et celle des enseignants déjà acquis à l'intégrisme. A quel point, dès cette époque, les professeurs étaient-ils endoctrinés?

K. M. – Rien de mieux qu'une histoire vécue pour en prendre la mesure... Cette fois-là, dans mon lycée, une collègue vient me proposer d'assister à une exposition – elles n'étaient permises que sur autorisation du chef d'établissement. Le thème? « Le livre musulman et le hidjab ». J'y vais, et je vois, à côté du Coran, toute cette production de livres à deux sous imprimés en Algérie pour quelques-uns, mais surtout au Moyen-Orient. Des torchons à usage de tout le monde musulman, qui expliquent aux filles l'exigence de pureté, la soumission, la façon de mettre le foulard... Tout ça pendant que Kateb Yacine est proscrit par le FLN et les islamistes, que des écrivains contestataires de langue arabe comme Ouacini, Laaredj ont déposé des manuscrits qui pourrissent dans les tiroirs de la censure! Je m'adresse à la prof en arabe : « Vous n'avez pas le droit de faire ça à l'école! – Pourquoi? Nous éduquons les élèves dans le sens de leur religion, pour qu'ils en soient pétris. – Ce n'est pas la religion, mais une idéologie intégriste. – Ah, vous avez peur, hein? Peur que les gens deviennent musulmans! – Musulmans, nous le sommes déjà! J'ai peur qu'à cause de vous ils deviennent intégristes! » Il était clair que l'administration du lycée avait donné son feu vert pour cette exposition. Le problème, c'est que, dans la majorité des établissements, elle agissait de même, par lâcheté ou par complicité idéologique. Les profs qui, du coup, voulaient organiser des expositions sur des thèmes culturels n'y arrivaient pas.

E. S. – Parlons précisément du hidjab, qui préoccupe aujourd'hui tant de professeurs en France.

K. M. – En 1987 encore, il y en a très peu dans mes classes, jamais plus de cinq sur une moyenne de quarante-deux élèves. A la rentrée suivante, je serai effarée : la moitié des filles le porteront. Je chercherai à dédramatiser, en me disant que ce sont des adolescentes en classique crise d'identification. Je me rendais bien compte que, dans ce même lycée où l'on avait fait de moi ce que je suis, c'était moi qui étais devenue l'étrangère. Ces filles en hidjab correspondaient à l'école algérienne, à ce que le pouvoir et les intégristes voulaient faire de la société algérienne. Ça m'a fait très peur. C'est douloureux, tu sais, d'aller jusqu'au bout d'une réflexion qui pourtant s'impose. J'écrirai bientôt un article où j'expliquerai que « tous les hidjabs ne sont pas islamistes ». Je défendrai l'idée que derrière chaque hidjab se cache une femme. Je le pense d'ailleurs toujours. Je continue à croire qu'il y a de multiples raisons de le porter : pour avoir la paix dans la rue ou au travail, par conviction religieuse, par coquetterie, pour cacher sa misère, par acceptation de la pression familiale et sociale. Je parle aussi du hidjab politique, signe d'appartenance à une idéologie totalitaire religieuse, uniforme se transformant vite en linceul pour les femmes. Mais je refuse de voir que ce hidjab-là va écraser tous les autres, devenir une machine de guerre, l'« emblème » du GIA.

E. S. – Alors, tu n'as rien fait contre?

K. M. – Dans mes classes, non. C'est un aveu qui me coûte, mais je dois être honnête. Comme pour la révolution iranienne, je ne fais pas le lien avec tout ce qui se passe, dans mon propre pays cette fois. J'ai une volonté inconsciente de participer à l'aveuglement volontaire et général. Je n'y vois qu'une seule explication : je suis alors, comme beaucoup d'enseignants et de militants de ma génération, convaincue que la rationalité finira par triompher. Il me paraît impossible qu'il en soit autrement.

E. S. – C'est quand même extraordinaire! Car dans le même temps, tu enregistres la séduction que les instituts, les bacs, les universités islamiques exercent...

K. M. – C'est vrai. Mais je comprends la raison de cette séduction. Ces « diplômes » permettent d'accéder à tout et à n'importe quoi. Donc, ils ouvrent les portes à la mobilité sociale, aux changements de statut. C'est plus attirant que le savoir, pour beaucoup de gens. Mais je pense, alors, que cela n'aura pas de conséquences sur l'ensemble de la population, que cela concerne surtout les ruraux et ne gagnera pas les villes. Erreur, j'en conviens!

E. S. – En fait, tu resteras durablement dans ta logique de démocrate en lutte contre la seule dictature. C'est ainsi que tu as adhéré, dès sa création en 1985, à la Ligue algérienne des droits de l'homme.

K. M. – Parce que féministe, je suis en effet contactée par un groupe qui veut créer cette Ligue. Il y a là des militants du mouvement culturel berbère, des trotskistes, des avocats dont Me Ali Yahya. Pour la première fois, à cette occasion, je rencontre Saïd Sadi.
Pour ma génération, Saïd est une fierté. Il jouit d'une exceptionnelle légitimité. Il a quelques années de plus que nous, mais lui non plus n'appartient pas à la génération de la guerre de libération. Il a été l'artisan du soulèvement berbère de 1980, l'homme qui pour la première fois a osé défier le pouvoir, qui a payé pour ça, et qui, malgré tout, continue. Pour moi, c'est le grand chef. Le 15 mars 1985, la Ligue algérienne des droits de l'homme voit donc le jour. A vrai dire, je suis les choses de loin car un drame vient endeuiller ma vie: j'accouche d'une petite

fille, qui meurt d'une anomalie génétique. Alors je suis un peu surprise lorsque que Saïd, avec ses troupes, et Ali Yahya claquent la porte quelque temps après, et fondent une autre ligue... dont Yahya devient président. Une ligue beaucoup plus dure et combative que la mienne, en fait. D'ailleurs, ses membres sont tous arrêtés en juillet et août. Certains, dont Saïd et le chanteur Ferhat, sont salement torturés dans le pénitencier de Lambèse. La cour de sûreté de l'État les condamne à la prison, après une parodie de procès. Chadli les graciera en 1987. Tu comprendras alors pourquoi je suis scandalisée quand j'entends certains dire, aujourd'hui, qu'on n'a pas vu les démocrates se dresser contre le FLN. C'est du révisionnisme pur et simple!

E. S. – En 1989, des dissensions apparaîtront entre Saïd Sadi et Ali Yahya. Ce sera un moment important, pourquoi?

K. M. – Saïd a commis une erreur en offrant la Ligue à Ali Yahya. Car l'avocat se retournera d'abord contre lui, puis contre nous, quand Sadi créera le RCD, Rassemblement pour la culture et la démocratie, en 1989. Car Ali Yahya choisira politiquement une tout autre option : celle des islamistes. L'avocat évincera Sadi de la Ligue, se l'appropriera et en changera les statuts. Il en fait un instrument au service des intégristes, et le pare des vertus du combat des droits de l'homme.

E. S. – Jusque-là, Ali Yahya – qui avait été ministre de Boumediene – avait défendu toutes les victimes du régime : démocrates, ben-bellistes, communistes ou islamistes. Quelles preuves peux-tu apporter de son changement d'attitude?

123

K. M. – C'est précisément dans les nouveaux statuts qu'il faut les chercher d'abord. Or, peu de gens se donnent la peine de les lire. Voici par exemple ce qu'énonce le début du chapitre 5 intitulé « L'islam et les droits de l'homme » : « L'islam n'est pas seulement une religion, mais aussi une loi, une culture, une communauté, une règle de vie sociale, juridique, philosophique et économique. Une réponse claire et suffisante doit être apportée à la conception islamique des droits de l'homme... » Le choix idéologique de Yahya est fait. Il refusera d'ailleurs de défendre une femme qui a été violentée par les intégristes, et pour cause. Il est de notoriété publique – un des porte-parole du FIS l'a confirmé sur RFI en avril 1992 – qu'Ali Yahya devait être nommé ministre de la Justice, en cas de victoire des islamistes. Tout cela sera très lourd de conséquences, beaucoup plus tard. A la réunion de Rome qui accouchera d'une plate-forme irrecevable, en janvier 1995, Ali Yahya est présent. Il apporte aux yeux du monde entier, qui ignore tout de ce que je raconte là, la caution d'une Ligue des droits de l'homme ! Comment, dès lors, les observateurs ne se seraient-ils pas sentis rassurés ?... Mais bien sûr, dans la décennie des années quatre-vingt, qui a aussi été celle du grand bouillonnement démocratique et qui devait déboucher sur le soulèvement d'octobre 1988, nous étions loin de nous douter de tout cela.

Chapitre 8

« JE M'INTERROGE TOUJOURS SUR OCTOBRE 1988 »

Elisabeth Schemla – Eté 1988 : l'étau se resserre autour de toi. Tu décides de quitter l'Algérie, au moins pour un certain temps, et de rejoindre ton frère aux États-Unis. Pourquoi prends-tu pareille décision, alors qu'aujourd'hui l'exil serait pour toi, avoues-tu, la pire des situations? Et pourquoi l'Amérique, alors que ta sphère culturelle est la Méditerranée?

Khalida Messaoudi – Si extraordinaire que cela puisse te paraître, j'avais, à ce moment-là, le sentiment qu'il n'y avait aucune possibilité de venir à bout de ce régime algérien. Paradoxalement, j'étais beaucoup plus découragée qu'aujourd'hui : la situation d'alors n'offrait apparemment aucune perspective, ce qui n'est pas le cas en ce moment. Sur tous les fronts, c'était la déroute pour moi, après huit ans de combats incessants dans lesquels j'étais comme une fourmi écrasée par la force de la dictature. C'était la traversée du désert pour le mouvement des femmes; toutes les initiatives de soulèvement populaire étaient réprimées dans le sang, comme à Sétif et à Constantine un an auparavant, en 1987. Moi-même, je considérais que je n'étais plus capable d'exercer mon métier dans le respect de l'intelligence et, à poursuivre dans l'enseignement, je me sentais comme complice d'un système à produire au mieux l'échec, au pis l'intégrisme. J'avais besoin de faire le vide dans ma tête, sous peine de devenir dingue! Mais il ne s'agissait pas pour moi d'un exil, et si je choisissais les États-Unis, c'est uniquement parce que mon frère m'y prenait en charge, au nom de cette solidarité familiale que j'ai déjà évoquée.

E. S. – Finalement, tu renonces à partir. Pourquoi?

K. M. – Chadli me retient par la manche! Je m'explique. Au moment même où je veux quitter mon pays, voilà cet homme qui dans un discours télévisé adressé aux cadres de la nation, en septembre 1988, dit textuellement aux Algériens à qui il interdit désormais de mettre leurs enfants au lycée français : « Et que ceux qui ne sont pas d'accord avec nous prennent leurs valises et quittent le pays! » J'ai été indignée, comme la quasi-totalité des Algériens qui n'étaient pourtant pas concernés par cette mesure. Comment un chef d'État, théoriquement responsable de son peuple, pouvait-il proférer une telle parole de mépris et d'exclusion à l'égard de ceux qui, simplement, ne pensaient pas comme lui? N'y avait-il pas là, déjà, cette perversion délirante qu'on retrouve chez les intégristes, et qui consiste à désigner comme étranger à sa propre terre un Algérien contestataire? Dans ce « nous » que Chadli employait, ne trouvait-on pas l'aveu public que le FLN considérait l'Algérie comme sa propriété privée? Il eût été indigne, après cette déclaration de guerre où se mêlaient la bêtise et l'arrogance, de laisser le champ libre à cette « bande ». Si des gens devaient partir, c'étaient précisément Chadli et les siens qui avaient mené le pays à la ruine! Ma détermination à rester devait bien sûr être renforcée, quelques semaines plus tard, par le formidable espoir que firent naître les soulèvements populaires d'octobre.

E. S. – Sentais-tu ce quelque chose dans l'atmosphère qui annonce toujours les révoltes?

K. M. – Les gens n'en pouvaient plus des pénuries en tout genre; tout manquait, les logements, le café, le sucre, la semoule, la lessive, jusqu'au poivre noir qui fait l'un des parfums de notre cuisine. Tout commençait à être hors de prix avec la chute du prix du pétrole depuis 1986, le mécontentement affleurait partout. Dans les sphères du pouvoir, les affrontements entre les tenants d'une libéralisation de l'économie, de la privatisation, et les adeptes immuables de la planification centralisée devenaient violents. Ils transparaissaient clairement dans les discours de Chadli qui appartient à la première ligne. Les projets de restructurations industrielles, avec leur lot de suppressions d'emplois, provoquaient des grèves dans toutes les régions. A Alger, le port était bloqué par les dockers, des unités industrielles, à l'arrêt. Surtout, de septembre à début octobre, malgré la mobilisation de tous ses appareils répressifs, le régime ne parvenait ni à contrôler ni à masquer les deux grands conflits syndicaux qui secouaient la capitale: celui de la Sonacom (la Société nationale de construction mécanique), et celui des PTT. Bref, le climat social était à l'évidence explosif, mais on n'y voyait pas d'issue et personne ne s'attendait à ce qui allait suivre.

E. S. – Toi la militante engagée dans tant de luttes, tu es donc surprise par l'explosion?

K. M. – A un point que tu n'imagines pas! Dès le 1er octobre, j'entends dire de tous côtés, et la rumeur se propage à folle allure : « Il faut se préparer! Le 5, ça va barder, tout le monde va sortir dans la rue! » J'essaye en vain de savoir par mes amis militants si cette rumeur correspond à un appel, et quels en sont les auteurs. Personne n'est capable de me répondre. Nous sommes dans le bleu. Et la vérité, c'est que je ne crois pas du tout à cette histoire! Malgré l'effervescence et la tension générales, une telle éventualité me paraît tout à fait invraisemblable : comment ce pouvoir pourrait-il laisser faire une chose pareille?

E. S. – Alors le 5 octobre, tu te rends normalement à ton lycée...

K. M. – Lors de mon premier cours, deux jeunes hommes – plutôt insolite dans un lycée de filles, non? – interrompent la classe et me demandent de libérer les élèves pour qu'elles aillent manifester dans la rue. Comme manif spontanée, on fait mieux. Je me rends compte que la démarche est la même dans tout l'établissement. D'où viennent les garçons? D'un lycée voisin, à Kouba. L'administration nous demande de faire descendre les élèves dans la cour. Et là, que vois-je? Des voitures, dépêchées par la nomenklatura au pouvoir, viennent chercher ces filles pour les mettre à l'abri : parmi elles, celles de Chadli et de Mohamed Cherif Messaadia, secrétaire général du FLN.

E. S. – Te joins-tu au flot des manifestants?

K. M. – Il y avait un déferlement de jeunes extraordinaire, des chants, des slogans, des danses : j'étais épatée, fascinée. Mais je me sentais vieille et con...!

128

Mon premier réflexe a été d'essayer de comprendre leurs revendications. Je pose des questions à certains d'entre eux. Quelques-uns me répondent : « Madame, ça y est, c'est la liberté ! » J'ai décidé d'aller dans d'autres quartiers d'Alger pour constater l'ampleur du soulèvement. Partout, la rue était noire de monde. Dès ce premier jour, la casse commence ; tous ces jeunes, lycéens et chômeurs, ne se contentent pas de crier leur haine du régime et de ses hommes, ils s'attaquent pour le détruire à tout ce qui représente l'État et le FLN : siège des cellules du parti, mairies, commissariats, centres de documention de l'armée, agences d'Air Algérie, magasins d'État, ministères de la Jeunesse et des Sports, de l'Éducation nationale, de la Formation professionnelle. Le feu de la révolte embrase toutes les grandes villes du pays. Tout cela dure une bonne semaine, sous l'état de siège et le couvre-feu décrétés par Chadli, dès le deuxième jour des émeutes. La réplique du pouvoir est féroce. Milliers d'arrestation, tortures, tirs à l'arme automatique sur les manifestants. Les médecins avancent le chiffre de cinq cents morts et de milliers de blessés.

E. S. – Cette jeunesse, que réclame-t-elle exactement ? La démocratie, comme le feront les Chinois de la place Tienanmen un an plus tard ?

K. M. – Non, la démocratie n'est revendiquée dans aucun de leurs slogans, jamais. L'État islamique non plus, jamais. Et c'est très important de le souligner : aucune fraction de l'opposition n'a prévu l'événement. La seule revendication, martelée sous toutes les formes, c'est : dignité et justice, fierté d'être soi. *« Ma neshakouch felfel ekhel neshakou Raïs Fhel »*, « Nous n'avons pas besoin de poivre noir, mais d'un raïs digne », dit un slogan. Par ailleurs, dans ces émeutes, où on a vu dans une rue d'Alger des jeunes boire de la bière, chanter, danser, il y avait comme une explosion de vie trop longtemps réprimée, une sorte de joie libératrice, un sain exorcisme collectif, salutaire pour eux, mais surtout pour nous, qui avions désappris à vivre. Nous, dans notre génération, nous connaissions par cœur le bréviaire du révolutionnaire ou celui de l'islamiste, mais nous étions tous à côté de la plaque. Je n'ai pas souffert de l'image que ces jeunes me renvoyaient de moi. Ils faisaient preuve à mes yeux d'une immense générosité : ils me donnaient leur force, la force de continuer. Ce qui était intolérable, c'était de les voir, désorganisés, sans vrais porte-parole, se faire massacrer.

E. S. – Que faites-vous, les opposants structurés, durant ce soulèvement qui vous prend de vitesse?

K. M. – Nous essayons de coller à ce mouvement qui nous dépasse en effet, mais auquel nous adhérons totalement. Cependant, les jeunes font un amalgame compréhensible entre l'État et les hommes qui l'incarnent ainsi que les bâtiments qui le représentent. Évidemment, nous faisons, nous, la différence. Du coup, nous prenons des initiatives multiformes qui correspondent à notre conception de l'action, mais qui malheureusement ne sont pas centralisées. Des enseignants, dont je fais partie, tentent d'organiser un comité pour structurer un tant soit peu ces jeunes, au moins ceux dont nous sommes proches en tant qu'enseignants. Nous passons notre temps dans des réunions interminables où nous débattons de cela, aux prises avec nos scrupules démocratiques : il ne fallait surtout pas se substituer à ces révoltés, ni trahir leurs revendications qui n'étaient pas faciles à traduire en plate-forme négo-

ciable. Par ailleurs, soixante-dix journalistes algériens rendent publique une déclaration dans
laquelle ils dénoncent l'interdiction d'informer,
condamnent le non-respect de la liberté de la presse,
la violence de la répression, les arrestations arbi-
traires, la torture, et l'ensemble du système politique. Ils réclament la reconnaissance de toutes les
libertés démocratiques. En Kabylie, une grève générale connaît un succès total. Les textes appelant à la
démocratie fusent. Le mouvement étudiant à Alger
rejoint le mouvement des jeunes, organise des meetings partout, revendique aussi la démocratie. La
Ligue algérienne des droits de l'homme de Miloud
Brahimi entame un travail remarquable contre la
torture : des témoignages sont collectés, des dossiers
constitués – qui disparaîtront bizarrement du siège
de la Ligue un peu plus tard. Et puis, un événement
sans précédent dans l'histoire algérienne se produit...

E. S. – Lequel?

K. M. – La constitution du Comité national contre
la torture.

E. S. – Qui en sont les initiateurs?

K. M. – Les médecins sont les principaux artisans
de la création de ce Comité : parce qu'ils sont les
meilleurs témoins de l'horreur. Le grand pédiatre
Djilali Belkhenchir, le psychiatre Mahfoud Boucebci
ainsi que Jean-Pierre Lledo, le cinéaste, sont les trois
figures de proue. Il y a aussi des universitaires, des
juristes, dont Ali Yahia, des artistes, des journalistes, des femmes militantes. Beaucoup sont des
communistes comme mon ex-prof de philo, Rabah
Guenzet, qui m'informe régulièrement pour que je

rende compte, à mon tour, dans des réunions et des meetings. Ce comité parvient à faire témoigner publiquement des jeunes apolitiques et des communistes, ces derniers payant un très lourd tribut. Ils sortent tout juste des mains des tortionnaires. J'entends des récits insoutenables ou je vois moi-même les stigmates de la torture : ongles arrachés, sexes mutilés, séquelles de la sodomisation avec des goulots de bouteille ou des gourdins, gégène, supplice de la baignoire... Pour la première fois, enfin, la face hideuse de ce pouvoir abject, cachée pendant vingt-six ans avec la complicité absolue des responsables des sociétés occidentales, est révélée au grand jour, dévoilée au monde. Tu ne peux pas savoir quelle reconnaissance j'ai pour ce comité. Son travail est un acquis décisif pour l'Algérie. Le Livre noir qui sortira bientôt est un document à charge, irréfutable, incontournable.

J'ajoute qu'à aucun moment les islamistes n'ont cherché à fonder un comité contre la torture : jamais nous ne les avons entendus émettre une seule protestation contre ces pratiques barbares! Comment ne pas faire un lien entre leur attitude et le fait qu'à leur tour, un peu plus tard, ils se mettront à persécuter et à torturer? Comment ne pas relever que parmi leurs victimes se trouveront Belkhenchir, Boucebci et Guenzet, assassinés par le FIS par balles ou à coups de couteau? Comment oublier enfin que Anwar Haddam, représentant du FIS à Washington et signataire de la plate-forme de Rome en janvier 1995, revendiquera le meurtre de Boucebci à la télévision en invoquant l'« exécution d'une sentence de jugement »?

E. S. – Pendant que les différents secteurs de l'opposition travaillent à faire déboucher la révolte d'octobre sur une démocratisation, les islamistes suivent une tout autre stratégie...

K. M. – Ils sont militairement démantelés depuis la chasse à Bouyali et à son Mouvement islamique algérien qui a duré de 1982 à 1987. Comme nous, ils sont pris de cours. Mais le soulèvement va révéler leurs propres divergences stratégiques. Dès le lendemain du 5 octobre, le vieux Ahmed Sahnoune, président de la Daâwa islamique algérienne, hostile à la violence armée, rend public un communiqué écrit à la mosquée, et distribué dans les quartiers populaires d'Alger. A l'instar du courant démocratique et laïc, il explique l'explosion par la faillite du système. Mais il demande « à tous les citoyens musulmans » de rentrer chez eux, s'appuyant sur le hadith : « Ils détruisent leurs maisons avec leurs propres mains. » Il propose en guise de solution à la crise le « retour à l'islam comme charia et méthodologie après l'échec des régimes corrupteurs [1] ». Il n'est pas suivi par les jeunes qui continuent à se battre. Surtout, il est contrecarré par une autre aile du mouvement islamiste, puisqu'un appel « anonyme » convoque au contraire à une manifestation monstre. Cet appel émane en fait d'Ali Benhadj, discrètement soutenu par Abassi Madani, et c'est un incontestable succès de mobilisation.

E. S. – Benhadj était-il un inconnu à l'époque ?

K. M. – Je ne pense pas, puisque les islamistes disposaient de ce réseau de mosquées dont je t'ai parlé. Moi, par exemple, qui exerçais à Kouba, j'entendais ses prêches dans les haut-parleurs de la mosquée. Les gens de Bab el-Oued l'écoutaient eux aussi : la mosquée Sounna était sa favorite.

---

1. Lire Aïssa Khelladi, *Les Islamistes algériens face au pouvoir*, éditions algériennes Alfa, 1992.

E. S. – Comment découvrez-vous qu'il y a eu négociation entre un pouvoir aux abois et les islamistes?

K. M. – Parce que, dans le régime de parti unique, un homme comme Sahnoune qui signe de son nom, chaque jour, un communiqué ne peut le faire que s'il est certain de l'impunité. En clair, nous finissons par savoir qu'il a été reçu à la présidence. De fait, Chadli l'a choisi, lui et lui seul, comme interlocuteur du pouvoir, et donc comme représentant de ce mouvement des jeunes!... Pourquoi Chadli n'a-t-il pas pris un collectif de jeunes manifestants, ou des syndicalistes par exemple? Est-ce parce qu'il avait déjà décidé, unilatéralement, que la jeunesse algérienne devait être représentée par les intégristes?

E. S. – Cependant, une manifestation d'islamistes se termine elle aussi dans le sang, à Bab el-Oued...

K. M. – Je pense que le pouvoir, avec la complicité d'Ali Benhadj, a délibérément provoqué ce qui restait de la foule des manifestants intégristes pour signifier à toutes les forces en présence, eux compris, qu'il était prêt à tous les carnages pour mater un soulèvement. L'armée refera la même chose deux jours après en Kabylie, à Tizi-Ouzou. Chadli veut montrer que la rue lui appartient. D'ailleurs il fait un discours dans lequel il revendique personnellement la responsabilité de la répression. Il y annonce aussi les réformes à venir : référendum sur une nouvelle Constitution qui permettra un certain pluralisme, « redistribution » des pouvoirs exécutif et législatif.

E. S. – Est-ce la première fois que tu es confrontée pendant cet octobre 1988 à l'armée algérienne, et quelles sont tes réactions?

K. M. – Octobre 1988 nous tient lieu de psychanalyse. Il nous oblige à ouvrir les yeux. L'armée est au pouvoir depuis vingt-six ans, sans aucune légitimité. Mais, dans notre inconscient collectif, c'est une donnée que nous acceptons de façon plus ou moins avouée dès 1962. Pourquoi? Parce que cette armée issue de la glorieuse ALN a libéré le pays, essayé d'atténuer toutes les souffrances de la colonisation : il nous semble normal, dès lors, qu'elle le dirige. Cela peut paraître extraordinaire, notamment de la part d'opposants, mais c'est ainsi. L'école, par exemple, m'a appris en détail que l'armée est au service du peuple, et non de la répression. Aussi, quand je vois les tanks, les chars, les militaires en tenue dans la rue, et tout ce qui s'ensuit, je pense immédiatement à Bigeard et à Massu. C'est une image qui s'impose, plus forte que tout. L'armée de mon pays est donc de la même espèce que celle qu'elle a combattue, l'armée coloniale. C'est un choc. J'éprouve un sentiment de révolte, d'injustice qui m'étouffe. Rien n'est pire que cette découverte : les colonels de mon pays brisent un mythe, ils sont capables de tirer sur les Algériens désarmés! Je n'accepte pas qu'ils nous dépossèdent ainsi, d'un coup, du seul motif de fierté d'être Algériens qui nous reste. La guerre de libération est notre unique ciment national et, pendant ces journées, ces criminels nous assassinent deux fois. De ce point de vue aussi, octobre 1988 est historique.

E. S. – N'est-ce pas aussi le début du divorce entre cette armée et le FLN?

K. M. – C'est le début de la répudiation du FLN par l'armée!... Le mari découvre que son épouse est trop impopulaire, alors il va s'en débarrasser petit à petit.

E. S. – Tout cela était-il manipulé, à ton avis? Et par qui?

K. M. – Cette question finalement ne paraît pas très importante. A supposer qu'il y ait eu manipulation par le clan Chadli, adepte d'un libéralisme économique qu'il essaye d'imposer, ce clan a été complètement débordé. S'il comptait sur un bâton de dynamite, il a eu affaire à une poudrière. Néanmoins, si l'on fait objectivement les comptes après coup, on voit bien qui sont les perdants du régime : les tenants du secteur d'État et de l'immobilisme économique, c'est-à-dire les adversaires de Chadli. Et qui sont les gagnants? Un autre clan du même régime. Mais tout cela n'est qu'hypothèse, en l'absence de transparence démocratique.

Chapitre 9

UNE BOMBE EN ALGÉRIE : LE FIS

Elisabeth Schemla – Après l'explosion d'octobre 1988, Chadli et le FLN s'engagent dans une « ouverture contrôlée ». Elle provoque un bouillonnement démocratique. La Constitution, approuvée par référendum, rend le gouvernement responsable devant le Parlement, supprime la référence au FLN et au socialisme. Chadli, qui vient d'être réélu à la présidence de la République, s'engage pour la formation d'une Union du Maghreb arabe aux côtés du Maroc, de la Mauritanie, de la Tunisie et de la Libye. Une multitude d'associations, dont la tienne, sont enfin reconnues. La voie s'ouvre au multipartisme...

Khalida Messaoudi – Moi, je juge de tout ça avant tout en féministe. Et qu'est-ce que je constate ? D'abord, que cette « démocratisation » se fait sous le règne du Code de la famille, et qu'il n'est nullement question de l'abroger. Ensuite, qu'une loi sur les partis politiques à laquelle je souscris – elle interdit d'en fonder un sur une base religieuse, régionale ou sexiste – est aussitôt bafouée par le pouvoir lui-même... puisqu'il légalise tous les partis religieux, et notamment le FIS, le 14 septembre 1989 ! Enfin, que la loi électorale adoptée pour les municipales pré-

137

vues en juin 1990 autorise le mari à voter pour son épouse. De mon point de vue, les femmes vont être, une fois de plus, les sacrifiées, et je ne peux l'accepter. La nouveauté, c'est qu'en effet notre association est reconnue et que la libéralisation de la presse, de la radio et de la télévision me permettent de bénéficier d'une tribune, ce qui n'était pas le cas auparavant. Mais, franchement, l'année 1989 marque surtout un tournant pour moi parce que je prends conscience – enfin – du danger que représente le Front islamique du salut. Même si j'appelle encore « actes d'intolérance » les horreurs auxquelles il se livre désormais publiquement : j'ai compris.

E. S. – A quel moment exactement?

K. M. – Quand, en juin 1989, un commando intégriste incendie la maison d'une femme de Ouargla qui a le tort de vivre seule avec ses sept enfants, donc d'être aux yeux de ces fous une « prostituée », un danger pour la oumma, la communauté, un facteur de discorde, de fitna. Un de ses garçons meurt carbonisé. Ce drame fait l'effet d'une bombe dans la société algérienne. Cet été-là, ce genre d'actes se multiplient, et une infirmière est brûlée vive par son frère islamiste, parce qu'elle était trop en contact avec les hommes dans son travail.

E. S. – Alors, que fait ton association pour l'égalité des droits entre les hommes et les femmes?

K. M. – Toutes les associations féministes, qui prolifèrent, se mobilisent et exigent du gouvernement qu'il assure la sécurité des femmes. Mais, dans la mienne, les discussions sont très violentes à propos de cette revendication. Nous comptons dans nos rangs des trotskistes : elles estiment qu'en exigeant la sécurité nous appelons en fait à la répression. Les bagarres entre nous sont sévères et elles iront en s'amplifiant tout au long de 1989. Le fond de l'affaire, c'est que nous n'avons pas du tout la même analyse sur le FIS, dont la violence s'accroît. Il y a de plus en plus d'expéditions punitives contre les femmes, en particulier contre celles qui vivent seules ou refusent de porter le hidjab sur les lieux de travail. Le harcèlement est continuel. Un tract du FIS concernant les femmes ne dit-il pas ceci : « Mère, sœur, épouse, je voudrais en tant que père, frère, époux que ta beauté soit ma richesse, sans toi je ne pourrais vivre. Je brûle de jalousie de te voir servir de secrétaire à un renard humain qui avant de t'embaucher a demandé ta photo. Je ne voudrais pas que tu sois un outil de travail, un bouc émissaire pour ceux qui veulent détruire les mœurs islamiques... » ? Et un autre : « Je ne voudrais pas que tu te serves du mot juif " émancipation " pour attaquer les valeurs islamiques de tes ancêtres et plaire aux organisations féministes. » ? Dans ces conditions pour moi inacceptables, il est normal que la crise éclate au sein de mon association. Je suis une présidente qui n'obtient plus le consensus.

E. S. – Cherches-tu la scission ?

K. M. – Oui, car il s'agit d'un débat fondamental. Je ne peux pas admettre le discours qui pose le FIS comme un mouvement populaire révolutionnaire qui s'attaque au pouvoir bourgeois corrompu, et fait donc l'impasse sur son idéologie, son projet d'État islamique et ses méthodes. Pendant le dernier débat qui nous oppose, en janvier 1990, j'entends l'une de ces trotskistes me dire : « Ali Benhadj est pour le non-remboursement de la dette, tu vois bien qu'il est du côté du peuple ! » Alors, je donne ma démission et je fonde, avec toutes les amies qui me suivent, un autre mouvement, l'Association indépendante pour le triomphe des droits des femmes.

E. S. – Toute ta philosophie est dans l'adjectif « indépendante », que tu as introduit dans le sigle AITDF.

K. M. – Depuis que je me suis éloignée à vingt et un ans des communistes et que je me suis engagée dans la lutte féministe, je me suis refusée à subordonner la question des femmes à un parti. Et maintenant moins que jamais. Quand les femmes militent dans des organisations politiques, elles mettent trop souvent sous le boisseau leurs revendications spécifiques, c'est classique bien que navrant. Je ne le leur reproche pas et je ne crois pas du tout qu'elles sont manipulées par les hommes, mais je n'adhère pas à leur choix. Lorsque, au début de 1989, nous sommes allées voir les militantes communistes, qui venaient de monter une association, pour leur proposer de travailler ensemble, elles nous ont répondu : « Impossible, car nos objectifs ne sont pas les mêmes. Nous ne voulons pas l'abrogation du Code de la famille, mais des amendements. Le peuple n'est pas prêt pour des lois civiles égalitaires, il faut tenir compte de ses sentiments religieux, réformer de l'intérieur. » Toujours la même histoire... Avec les trotskistes de mon association, j'avais le sentiment, là encore, que nous étions la caisse de résonance d'un parti. Or, surtout dans une société comme la nôtre, je suis pour la parole autonome des femmes. C'est ma liberté. Malheureusement, beaucoup de celles qui sont impliquées dans des organisations politiques ne reconnaissent pas ce droit des autres femmes à la souveraineté.

E. S. – Parmi ces trotskistes, il y a Louisa Hannoun. On la retrouvera à Rome, en janvier 1995, dans les négociations avec les intégristes. Son parti ne pèse pas sur l'échiquier politique algérien, mais, à cette plate-forme, elle apportera une caution « femme » qui rassurera les observateurs. Vois-tu, dans sa participation à ce dialogue, l'aboutissement naturel d'un comportement idéologique que tu récusais déjà ?

K. M. – Je n'ai rien à dire sur Louisa Hannoun.

E. S. – Tu parles d'indépendance. Mais toi-même, tu es si proche du RCD, le Rassemblement pour la culture et la démocratie créé en 1989 par Saïd Sadi, qu'il est difficile de ne pas voir en toi un acteur majeur et un relais de ce parti, dès cette époque.

K. M. – Libre à toi de penser ainsi. Mais je réfute cet argument. Je n'ai jamais adhéré au RCD ; bien que j'en sois une sympathisante, je n'en suis pas pour autant un sous-marin. Au départ, j'y ai été invitée en tant que féministe. Je t'ai déjà dit quelle admiration j'ai pour Saïd. La plupart des responsables de ce parti sont des amis personnels. Nous avons en commun d'appartenir à la même génération, dont j'ai ailleurs souligné l'importance, et d'avoir le même projet de société : séparation du civil et du religieux, laïcité, citoyenneté, État de droit, abrogation du Code de la famille, reconnaissance de la dimension berbère de l'Algérie, justice sociale, réforme de l'éducation, etc. Je te ferai remarquer que, le RCD étant le premier et le seul parti politique algérien à poser publiquement le problème de la laïcité, qui est un de mes credos, il serait quand même singulier que je ne m'en sente pas proche ! Cependant, je répète que, si je trouve très important que les femmes investissent les partis, il me paraît aussi déterminant qu'elles aient un mouvement propre à leur identité féminine. Cette indépendance, que je revendique, ne signifie pas pour moi ostracisme anti-partis. Je ne refuse pas de travailler avec eux – c'est le cas avec le RCD –, mais je plaide pour le droit à notre souveraineté dans le choix des alliés et la désignation des ennemis, en fonction des seuls intérêts des femmes. Voilà le pivot de mon engagement en Algérie et, si on ne le comprend pas profondément, c'est toute mon action qui devient inexplicable, qui est niée. La dimension « femme », en quête d'une république égalitaire et laïque, l'emporte chez moi sur toutes les autres composantes de mon identité. Je suis femme, avant d'être algérienne, berbère, méditerranéenne, musulmane, combattante...

E. S. – Certains prétendent qu'il y a là une forme déguisée de misogynie à l'égard des femmes musulmanes...

K. M. – Qu'est-ce que c'est que cette question? Veux-tu dire que les juifs, les noirs, les agriculteurs, les homosexuels par exemple, qui s'occupent des juifs, des noirs, des agriculteurs, des homosexuels sont antisémites, racistes, antiagriculteurs, sexistes? Quelle plaisanterie... ou quelle ignominie! S'ils n'étaient pas là, laquelle de ces causes aurait progressé?

E. S. – Est-ce par féminisme que tu ne rejoins pas Aït Ahmed quand il rentre en Algérie après vingt-sept ans d'exil, et après que son parti, le FFS, a enfin été reconnu?

K. M. – De Suisse, Aït Ahmed avait condamné le Code de la famille. Quand il revient en Algérie, tu

142

peux imaginer, compte tenu de ce que j'en ai dit, que je vis l'événement comme le retour du messie. Politiquement, je me sens proche de lui. J'ai fait partie des milliers de gens qui sont allés l'attendre à l'aéroport, et j'ai quitté pour ça un congrès que tenait le RCD. Je ne voyais aucune contradiction dans mon attitude. Pour moi, Aït Ahmed rentrait pour mener le combat de la démocratie. Je savais qu'avant son retour des émissaires lui avaient proposé de rentrer « pour l'Algérie, et non pour le seul FFS ». J'ai d'abord été un peu surprise quand, dans son premier discours, il a annoncé qu'il revenait comme secrétaire général de son parti. Mais après tout, c'était son droit. Ensuite, je suis allée le voir, comme présidente d'une association féministe. J'étais extrêmement émue. Sans même que je lui demande quoi que ce soit, il m'a dit : « Des gens me reprochent d'être rentré pour le FFS... Je suis persuadé qu'ils me dénigrent pour pouvoir le casser... » J'en suis restée muette, car, connaissant certains de ceux qui lui avaient fait la proposition, je pouvais assurer qu'ils étaient sans aucune arrière-pensée. Puis, il m'a interrogée sur ma nouvelle association. Mais j'ai vite compris, à la tournure de ses questions, qu'il avait déjà rencontré toutes les autres et qu'il avait adopté le point de vue des trotskistes. Leur version, c'était que je travaillais pour le pouvoir et le RCD !

E. S. – Dès ce moment, certains prétendent aussi que le RCD est une émanation du pouvoir ; ils iront même jusqu'à affirmer qu'il est financé par lui. Thèse reprise encore récemment dans un des articles consacrés à l'Algérie et publiés sous l'égide de « Reporters sans frontières ».

K. M. – Pour casser un parti, les totalitaires ont toujours recours à ces procédés staliniens qui consistent à semer le doute sur son financement. Et pour détruire un contestataire ou un dissident, à le présenter comme un agent de la Sécurité militaire, à déblatérer sur sa vie privée, du genre : « Elle couche avec les flics. » Or rien n'est plus meurtrier, dans un pays où règne le parti unique, que de faire traîner ce genre de rumeurs. Qu'en dire, sinon que ces lâches qui te frappent toujours dans le dos utilisent eux-mêmes les méthodes viles de la Sécurité militaire, et que tout cela démontre qu'ils sont bien impuissants à débattre sur le terrain des idées. C'est misérable et, une fois pour toutes, je te l'ai dit au début de cet entretien, je refuse de tomber dans ce piège.

E. S. – Revenons à Aït Ahmed. Quelles autres raisons te séparent de lui ?

K. M. – La vraie distance s'effectue à propos de l'intégrisme. L'orchestration évidente du terrorisme dès 1989 devrait susciter une réaction très ferme de sa part. Or, il condamne vaguement la violence, et cette violence porte un nom, le FIS, qu'il ne prononce jamais. Je comprends que quelque chose ne va pas. Je commence à m'éloigner de lui. Mais bien sûr, la rupture se fera à la toute fin 1991 : les positions du FFS d'un côté, du RCD et de l'ensemble des acteurs de la société civile de l'autre, sur le processus électoral qui porte le FIS au pouvoir divergeront totalement, et définitivement.

E. S. – Fin 1989, et dans la première moitié de 1990, le FIS mobilise de plus en plus dans les rues algériennes. Notamment, plusieurs dizaines de milliers de femmes en hidjab défilent en réclamant l'application de la charia. Cela renforce le camp de ceux qui évoquent la popularité du FIS et demandent le res-

pect démocratique de la volonté de ces femmes islamistes. Comment réagis-tu quand tu vois ce défilé, et
que réponds-tu, dès ce moment, à l'argument de la
tolérance nécessaire ?

K. M. – C'est comme si on me demandait d'être
tolérante à l'égard des femmes qui se sont mobili-
sées au service d'Hitler ou de Mussolini, sous prétexte que ce sont des femmes ! En quoi leur participation à une barbarie – jusqu'à la folie de la
fabrication d'enfants aryens purs par exemple – cré-
dibiliserait-elle le projet totalitaire ? Leur responsabilité individuelle est pleinement engagée. Sais-tu
d'ailleurs que beaucoup de ces femmes qui défilent
en 1989 sont des enseignantes, des universitaires,
des fonctionnaires ou des employées ? Elles manifestent parce qu'elles le veulent. Nombre d'entre
elles sont de vraies militantes, pas un troupeau
d'inconscientes. C'est précisément en cela que je
suis interpellée : elles doivent trouver leur compte
dans cet engagement. Lequel ? Et pourquoi ? Que se
passe-t-il pour qu'elles adhèrent à l'islamisme ? Comment le texte que je voudrais te lire peut-il les
séduire ? Ce sont des extraits d'une « plate-forme »
du FIS de mars 1989, puisque ce mouvement n'a pas
de programme en tant que tel, à part la suppression
des impôts sur le revenu, qui est le must de tous les
fascistes. Voici ce qu'il dit : « L'islam est un substitut
global à tous les problèmes idéologiques, politiques,
économiques et sociaux [...] Seule la foi en Dieu
peut permettre de sortir du cercle vicieux de sous-
développement et des diverses formes du néocolonialisme [...] Pour réaliser la réforme sociale glo-
bale, on aura recours à la hisba [1], considérée comme
le moyen légal pour organiser les rapports entre la

---

1. Système dans lequel il faut rendre compte de tout acte
privé ou public.

rue, le marché, l'usine, le champ, l'administration et la mosquée [...] La hisba sera également une police des mœurs [...] La législation doit se soumettre aux impératifs de la charia. Le Très-Haut n'a-t-il pas dit que " le culte de celui qui recherche une religion en dehors de l'islam n'est pas accepté "? Qui est meilleur juge que Dieu envers un peuple qui croit fermement? [...] Il faut revoir le contenu éducatif [*sic*] pour extirper toutes les idéologies et les concepts porteurs de valeurs contraires aux valeurs islamiques [...], prévenir l'invasion intellectuelle et culturelle... » Oui, je me pose à nouveau la question : comment et pourquoi de telles aberrations peuvent-elles convaincre des femmes, qui ne peuvent ignorer ce que cela signifie pour elles, et pour leur enfants?

E. S. – Je sais que tu y as réfléchi, Khalida, nous allons très vite y revenir... Malgré les violences, et ce projet annoncé, arrive le premier raz-de-marée intégriste, puisque le FIS remporte les élections municipales du 12 juin 1990. Il rafle la quasi-totalité des grandes villes algériennes, et bien sûr sa « capitale », Constantine. Pour toi, comment s'explique cette victoire? Quelles répercussions crains-tu pour les femmes?

K. M. – C'est un choc, bien sûr. Je vis ça comme une injustice de l'Histoire. Nous avons payé très cher notre combat pour la démocratie depuis plus d'une décennie, et ce sont les « barbus » qui ramassent la mise. C'est à eux que profite le début de la liberté. Mais j'interprète aussi cette victoire comme l'expression de l'énorme ras-le-bol du FLN, d'autant que le FFS avait appelé au boycott. Par manque de temps et de préparation, puisqu'ils viennent à peine d'être créés ou légalisés, les autres partis démocrates ne font pas de bons scores. Par ailleurs, je vois que le chef du gouvernement qui occupe ce poste de septembre 1989 à juin 1991, Mouloud Hamrouche, est loin d'être innocent dans cette affaire...

E. S. – C'est-à-dire?

K. M. – Cet ex-officier de l'armée algérienne qui est présenté aujourd'hui comme un civil, attaché au protocole de Boumediene, membre du Bureau politique du FLN, est convaincu qu'il est possible de réformer le système de l'intérieur. Mais il est, objectivement, l'un des principaux artisans de la bipolarisation FLN-FIS à laquelle nous allons assister. Car son analyse – et bien trop de gens la partagent encore aujourd'hui, quoiqu'ils aient les faits sous le nez – est la suivante : le meilleur moyen de combattre le FIS est de laisser le peuple algérien goûter aux joies de l'intégrisme. Ensuite, écœuré, il reviendra se jeter dans les bras du FLN! Ce qu'un sociologue appellera plus tard la « régression féconde », celle qui est toujours bonne pour les autres et dont on ne voudrait pas pour soi. Alors, Hamrouche a laissé passer la loi que j'évoquais, et qui autorise le mari à voter, de manière détournée, à la place de sa ou de ses femmes. Ensuite, en adoptant le nouveau Code communal, il permet au FIS de disposer d'incroyables libertés : les délibérations municipales peuvent se faire dorénavant dans les mosquées. Le lieu de culte, dont nous savons le rôle qu'il joue dans l'implantation intégriste, devient le plus légalement du monde l'espace politique de la vie de la cité! Les femmes, comme les administrés qui ne sont pas du FIS ou, pire, qui sont contre lui, sont ainsi éliminés de la vie municipale, quoiqu'ils payent leurs impôts. Ce n'est plus la république des Algériens, mais celle des militants du FIS. Nous,

147

féministes, nous alertons là-dessus. Nous organisons un grand meeting pour dénoncer la situation. Parce que femmes, c'est-à-dire cible privilégiée des intégristes, nous flairons sans doute mieux l'extravagance mortelle de ces concessions.

E. S. – Les faits vont vous donner raison...

K. M. – Le FIS profite des fonds publics de nos mairies, les APC – Assemblées populaires communales – pour passer des marchés avec des maffieux. Il s'organise lui-même en un véritable milieu, mettant la main sur toutes sortes de trafic, y compris celui de la drogue. Il rackette. Il s'approprie les biens de l'État et les redistribue à ses militants, en particulier les terrains communaux. Mais, dans certains quartiers, les maires intégristes ne les viabilisent pas si bien que, d'ici quelques années, ce seront d'excellents milieux de culture pour le choléra et autres virus. Plus symboliquement, ils remplacent la devise de l'État algérien « Par le peuple et pour le peuple » par « Commune islamique » appliqué au fronton des APC. C'est ce qu'avait fait le maire d'Alger, Guemazi : n'importe qui pouvait lire sur le frontispice « Mairie islamique ». Guemazi stockait dans ces murs, comme c'était le cas dans beaucoup d'autres sous-sols de mairies, un arsenal impressionnant d'armes et de médicaments en prévision de la guerre à laquelle il se préparait. Tout cela sera démantelé plus tard. Ce point est très important. En Algérie, l'armement des islamistes s'est d'abord fait, clandestinement, dans les mosquées en même temps que la formation aux arts martiaux. Puis, quand les intégristes ont pu être éligibles, ils ont utilisé les bâtiments officiels de l'État. Je le souligne parce que je vois le même processus se mettre en place en France et chez vos voisins européens. Non pas à l'échelon d'un pays entier – vous êtes évidemment imprenables par les islamistes –, mais dans les ghettos de vos banlieues qui, eux, sont autant de mini-Algérie. Cela suffirait malheureusement pour déstabiliser très gravement votre démocratie, et je crains que vous n'en ayez pas assez conscience. Puissiez-vous entendre ceux qui ont l'expérience douloureuse de ce processus, et ne pas vous laisser aveugler par votre ardeur pour la tolérance!

E. S. – Quelles sont les autres actions du FIS?

K. M. – Immédiatement après leur victoire aux municipales, ils s'en prennent partout aux écoles. Ils terrorisent les chefs d'établissement et les enfants, ils imposent ou tentent d'imposer la séparation des sexes, ils proscrivent l'enseignement du français, instrument de l'ancienne puissance coloniale et mécréante, ils interdisent les cours de musique et de danse aussi diabolisés que la langue de Voltaire. Leurs milices investissent tous les clubs de sport féminins pour empêcher les filles d'en faire. Ils ferment tous les conservatoires, celui d'Alger est transformé en centre d'accueil pour des malheureux. D'ailleurs, ils apportent aussi des secours aux familles sans ressources, et ça, c'est fort bien vu de leur part pour conquérir une base électorale encore plus large. On retrouve dans le FIS absolument tous les ingrédients classiques des populismes totalitaires, corruption comprise. Mais il faut remarquer que le FIS ne prend pas du tout, ou s'implante très peu, dans les populations qui ont des repères culturels forts, Touareg, Mozabites et Kabyles.

E. S. – Le 26 décembre 1990, les députés algériens adoptent à une majorité impressionnante – cent soixante-treize voix contre huit – la généralisation de l'arabe classique. Le lendemain, plusieurs dizaines de milliers de personnes défilent à Alger pour protester contre cette décision, au nom de la démocratie. Cela prouve deux choses. D'abord, qu'il y a bien face à face deux projets de société, l'un intégriste, qui fait de l'islam un moyen et une fin en soi, et de l'arabe un facteur identitaire ; l'autre laïc, qui en appelle à la rationalité, à la liberté, à l'égalité et au pluralisme linguistique. Ensuite que le FLN, de concession en concession pour sauver sa peau, et à travers une assemblée non élue démocratiquement, fait le jeu total du projet islamiste.

K. M. – Ce rôle du FLN, nous l'avons déjà vu concernant les femmes et l'école. La généralisation de l'arabe en est le point d'orgue. Toutes les structures sont désormais mises en place pour offrir au FIS une large autoroute vers l'État islamique. Car, et nous n'en avons pas encore parlé, la justice a, elle aussi, été arabisée. A côté de quelques magistrats remarquables qui ont fait leur travail contre les passe-droits, la corruption – du moins quand ils le pouvaient –, ou les violences islamistes lors des grands procès des années quatre-vingt, pour le reste, la justice est livrée à des incultes ou des corrompus. Les facs de droit sont devenues, en quelques années, de médiocres centres de formation professionnelle. N'importe qui peut y entrer, même sans le baccalauréat, et bien des « magistrats » n'y sont pas allés du tout. Les professeurs compétents n'enseignent plus, et une analyse poussée des jugements rendus par les tribunaux montre que la justice est souvent rendue selon la charia. Une loi, sous Chadli, permet de devenir juge sans passer par la fac de droit : il suffit de détenir une licence en science islamique. C'est une caricature, à pleurer, de l'élimination générale du savoir.

E. S. – Et les deux projets de société face à face?

K. M. – Cela me paraît à la fois exact et inexact. Disons qu'à cette époque, en effet, on peut l'interpréter ainsi. On peut croire, alors, que les cent mille manifestants auxquels tu fais allusion et qui représentent la société civile forment un bloc à peu près homogène face aux islamistes. Mais les événements vont bientôt le démontrer, chez les « démocrates », les divergences sont plus grandes qu'il n'y paraît. Chacun des projets de société des communistes ou du FFS n'est pas tout à fait le même que celui du RCD : ce dernier propose des programmes – chacun peut se les procurer et les lire – qui s'inspirent clairement du droit, des institutions, du modèle républicain et des valeurs universelles, tout en y apportant les variantes nécessaires aux spécificités algériennes. Les divergences importantes portent d'abord sur les analyses du phénomène intégriste, sur ses liens avec le régime et enfin sur les stratégies. Pour le RCD, l'intégrisme n'est pas sécrété par la société algérienne, mais est l'enfant monstrueux d'un viol commis par les institutions de l'État au sein de l'école, de la télévision, de la justice, etc., comme je te l'ai raconté plus haut. Le développement de l'islamisme en courant politique s'inscrit dans l'échec du régime et se nourrit des frustrations multiples qui en découlent. Par conséquent, dès cette époque, il ne peut pas y avoir pour le RCD de procès du FIS sans celui de tout le régime depuis 1962. Et inversement, puisqu'ils sont liés.

E. S. – Attardons-nous sur cette société civile qui a soif de démocratisation, dans la période 1989-1991. Quelle influence ont sur son état d'esprit les journalistes, les chanteurs et les antennes paraboliques qui permettent de capter les chaînes françaises notamment?

K. M. – Je parlerai tout d'abord des antennes paraboliques. Elles commencent à fleurir sur les toits à ce moment-là. Des commandos du FIS s'évertueront à les détruire, mais en vain. Grâce à elles, tout le monde peut écouter les informations des chaînes françaises, et c'est évidemment un souffle de liberté qui pénètre en Algérie. Par ailleurs, elles sont un élément de distraction très apprécié. Mais j'ai de ce phénomène une vision un peu différente de celle que j'entends souvent exprimer. La profusion de richesses qui s'étalent sur vos écrans, un certain libertinage qui y a droit de cité, n'ont pas forcément des effets positifs. La jeunesse algérienne est une jeunesse frustrée par la force des choses, elle a des manques affectifs, sexuels, économiques, elle est confrontée à un terrible problème de logement. Et ce que lui renvoie la télévision française, involontairement, témoigne pour elle de cette frustration. D'où une exaspération poussée à son paroxysme et une haine exacerbée, qui sont ainsi entretenues à l'égard de soi et de cet étranger impie qui possède tout. Mais, ne me comprends pas mal : je ne suis évidemment pas un soutien des milices fissistes! Je ne souhaite pas supprimer les paraboles! Je veux souligner qu'il est d'une urgence absolue d'envoyer ce pouvoir en l'air pour engager les profondes réformes qui aideront ces jeunes à s'en sortir vraiment.

E. S. – Quel a été l'apport des journalistes?

K. M. – Énorme, et les journalistes algériens méritent vraiment qu'on leur rende hommage. Je suis bien placée pour affirmer que sans certains d'entre eux, dès avant octobre 1988, nous n'aurions jamais pu faire passer l'ombre d'une idée. Tahar Djaout à *Algérie-Actualités*, Malika Boussouf sur la chaîne 3 de la radio avec son émission « Show Débat », et d'autres, nous ont permis d'exister tout simplement. Ils ont pris des risques certains et, grâce à eux, il y a eu des brèches dans le système. Nous avons pu voler un peu de la parole confisquée. Ensuite les journalistes, avec le MJA, ont été les premiers à dénoncer la torture durant octobre 1988. Enfin, pendant toute cette période de 1989 à 1991 dont nous parlons, la presse étant devenue relativement libre, ils ont joué un rôle capital. Sans eux, qui faisaient un compte rendu précis des violences intégristes, nous n'en aurions pas su autant. Car les journalistes larbins du pouvoir continuaient à faire le silence sur les ondes radio et télévisées, tandis que ceux qui faisaient leur métier dans ces médias-là en dépit des pressions risquaient à tout moment d'être interdits d'antenne.

E. S. – Et les chanteurs?

K. M. – Alors là, il faut le dire, ils sont peut-être les figures les plus importantes de l'effervescence démocratique, puis de la résistance. Les opposants les plus efficaces, les plus populaires et du FLN et du FIS. Tu sais, j'ai des souvenirs d'enfance qui en disent long. Je me rappelle que pour écouter les 45 tours de vieux chanteurs de raï, nous fermions soigneusement les fenêtres, car ils étaient interdits d'antenne par le FLN. Ces artistes ne passaient jamais, jamais tu m'entends, à la radio ou à la télévision. Ils chantaient l'amour, la vie des gens tout simplement, telle qu'elle est, et dans la langue des Algériens : cela suffisait à les considérer comme des ennemis publics. Peu à peu, le chaabi et l'andalou algériens devront s'effacer devant la musique orientale. Sans doute parce que ces traditions musicales révélaient la richesse et la complexité des cultures en Algérie, alors que le parti voulait tout uniformiser pour mieux imposer l'identité arabo-musulmane. Je pense surtout à Chikha Rimiti, une femme magnifique, doyenne du raï : elle était invitée à chanter dans les fêtes privées, et les hommes payaient cher pour l'entendre. Une génération d'artistes est morte ainsi d'étouffement, pendant ces trente ans de FLN, faute d'avoir accès aux moyens de communication. Et puis, au milieu de la décennie quatre-vingt, le raï a explosé. Ah le raï ! Le raï, c'est algérien, un genre musical qui n'existe ni au Maroc ni en Tunisie. Il va tout emporter sur son passage, car les jeunes chanteurs de raï qui débutent, comme Cheb Khaled, Raïna Raï, en exprimant leurs amours, leurs frustrations, leur sexualité, leur boulot, leurs espoirs, avec leur langage, sur une musique extrêmement sensuelle et entraînante, rallient tous les jeunes et en cela déboutent FLN et barbus. Né en Oranie, le raï va transcender les régions et les différences, il décoince les gens, il les autorise à se parler d'eux-mêmes, et gaiement ! Quand tu écoutes du raï, tu n'es ni berbère, ni chaouï, ni tlemcenien, ni francophone, ni arabophone : tu es. Tu es un Algérien que le pouvoir méprise et qui dit « merde » à ce pouvoir, simplement parce qu'il écoute cette musique apolitique mais contestataire. Le raï n'est pas étranger au soulèvement d'octobre 1988. Car les chanteurs de raï ont eu accès à la radio avant cette date, grâce à une équipe de jeunes animateurs dont l'émission « Sans pitié » était la plus suivie de toute l'Algérie. Aziz Smati, Mohamed Ali Allalou, Sid Ahmed Semiène, Riad Kadour... ont ouvert les portes à la liberté.

Et puis, il y a le cas très particulier de la chanson kabyle qui a toujours bénéficié d'un « traitement de faveur » de la part du pouvoir. Aït Menguelet et Ferhat ont été incarcérés pour leurs chansons bien avant 1988; Idir a quitté l'Algérie et, grâce à lui, la jeune musique kabyle s'est fait connaître au-delà des frontières; et, pour n'en citer encore qu'un parmi tant d'autres : le soldat permanent de la contestation, Matoub Lounès. Plus qu'un symbole, Lounès est un phénomène de société. Un homme à la fois honni du pouvoir et des intégristes. Sais-tu que ce chanteur au talent puissant n'est pas passé une seule fois de sa carrière à la télévision algérienne? Quand Khaled a connu le succès en France, le pouvoir a consenti à laisser entendre de temps en temps ses enregistrements à l'antenne. Matoub, rien. Lui, il est vrai, ne chante pas seulement l'amour et la vie quotidienne. C'est un militant du Mouvement culturel berbère, un politique engagé, un porte-parole, une figure emblématique et pas seulement pour les Kabyles. Cette popularité représente un vrai danger pour tous ceux qui ne veulent pas de la démocratie.

Bref, dans cette période 1989-1991, tous ces musiciens suscitent enthousiasme d'un côté, peur de l'autre. Le FIS les hait tous – on verra hélas plus tard jusqu'où il est capable d'aller, avec l'assassinat de Cheb Hasni à Oran et l'enlèvement de Lounès. Ils expriment une culture algérienne populaire que les islamistes veulent éradiquer; ils célèbrent la liberté, incompatible avec le fanatisme religieux; et ils débrident la libido des gens, diabolique pour les intégristes, ces tueurs de plaisir. A l'époque, le FIS qui tient les APC se contente, si j'ose dire, d'intimidations sous la menace de leurs milices pour que ces chanteurs renoncent aux concerts et aux galas. Bien sûr, le pouvoir trop content laisse faire. Le festival de raï d'Oran sera ainsi interdit par les islamistes.

E. S. – Mets-tu alors sur le même plan l'attitude du pouvoir et celle du FIS à l'égard de ces chanteurs?

155

K. M. – Non, et pas plus aujourd'hui. La différence entre le FLN et le FIS, c'est que le premier les combat pour ce qu'ils chantent, le second pour ce qu'ils sont. Le FLN interdit les chanteurs, le FIS les tue.

E. S. – Loin de l'Algérie, en janvier 1991, éclate la guerre du Golfe. Elle a les répercussions que l'on sait sur le monde arabe. Au nom de ton association, tu prends parti sans ambiguïté pour l'Irak. Pourquoi?

K. M. – Cette guerre était une affaire écœurante, exclusivement une histoire de gros sous, de pétrole, d'intérêts économiques de l'Occident, sous un maquillage de droit international. Avait-on entendu, au nom de ce droit, ces mêmes responsables occidentaux protester contre les exécutions des communistes et des démocrates irakiens? Allons! L'injustice me révolte viscéralement, et je ne pouvais pas admettre que les civils, déjà opprimés par un dictateur dont on connaît toutes les violences, seuls contre une coalition de trente-cinq pays, payent de leur vie les ambitions stratégiques des Américains. Pour moi, Saddam Hussein ne peut être confondu avec les Irakiens, et inversement. Or Saddam, que je sache, est toujours vivant, mais une partie du peuple a péri.

Par ailleurs, je n'ai pas attendu la guerre du Golfe pour dénoncer la situation des femmes en Irak. Cependant, je crois te l'avoir dit avec un certain emportement, personne ne peut me demander de pactiser si peu que ce soit avec les pratiques de l'Arabie Saoudite, modèle d'État fondamentaliste ou intégriste comme on voudra, pourvoyeuse de fonds de tous les mouvements islamistes de la planète. Les femmes saoudiennes qui ont bravé l'interdit en

156

conduisant une voiture, pendant cette sale guerre, ont été arrêtées, emprisonnées, maltraitées sous le nez des GI's qui comptaient dans leurs rangs des femmes américaines! Quelles nations porteuses des valeurs universelles s'en sont émues? Lesquelles sont intervenues pour les défendre et réclamer à la monarchie saoudienne l'application du droit international? Comment, à la fin du xxe siècle, les Américains, les Européens peuvent-ils soutenir le pays le plus esclavagiste? A la fin de l'année 1993, nous aurons une rencontre de femmes maghrébines, à Tunis, et nous dirons: «Il faut faire sauter la monarchie saoudienne!» Parce que, si les Américains veulent réellement la démocratie dans les pays musulmans, il leur suffirait de l'imposer là où il y a l'argent: dans les États du Golfe, verrou islamiste et puissance financière. Nous, nous en bavons de tous ces régimes-là! Nous espérions un peu plus de justice, de liberté, de démocratie. De tout cela, il n'a pas été question. Les Occidentaux ont choisi leur camp: celui d'une région qui est tout entière une honte au vu des droits de l'homme. Alors, quelle confiance peut-on leur faire?

E. S. – Soutenant l'Irak, tu acceptes donc que les skuds irakiens tombent sur Tel-Aviv?

K. M. – Comment ça? J'ai dit que j'étais résolument contre Saddam. Les skuds, c'est la responsabilité absolue des Américains. Ils savaient parfaitement en déclenchant ce conflit que ce malade n'hésiterait pas à envoyer ses missiles sur Israël.

E. S. – Comment réagis-tu à la position du FIS sur la guerre du Golfe?

K. M. – Tu sais, pendant la première quinzaine de la guerre, le FIS était contre l'Irak et Saddam Hussein. Autrement dit, il était du côté de son financier : l'Arabie Saoudite. Il vouait Saddam aux gémonies et l'appelait « Saddam el haddam », qui signifie « Saddam le destructeur ». Mais la base du FIS, comme tous les Algériens, n'admettait pas que tant de nations se liguent contre leur seul véritable ami arabe durant la guerre de libération. Pour ne pas s'isoler de la base, au bout de deux semaines et sans états d'âme, les dirigeants du FIS retournent leur veste. Là, évidemment, ils font de la surenchère. Ali Benhadj se rend en tenue militaire – interdite par la loi algérienne – à la tête d'une manifestation, au ministère de la Défense nationale, pour réclamer des camps d'entraînement et des armes afin d'aller combattre aux côtés des Irakiens, ses « frères en islam », comme il les nomme dorénavant.

E. S. – Et quelles seront les conséquences de ces volte-face ?

K. M. – Juste après la guerre du Golfe, à cause de la position des partis islamistes dans les différents pays musulmans, une deuxième Internationale intégriste est créée. Elle est animée par l'Iran et le Soudan et tient son premier congrès à Khartoum. Là, sous l'influence iranienne, se décident de nouvelles stratégies de conquêtes du pouvoir, assorties de moyens accrus, tels les camps d'entraînement au Soudan pour les militants du FIS.

Chapitre 10

AU CŒUR DU FIS, LA SEXUALITÉ

Elisabeth Schemla – Même si tu n'envisages pas un seul instant que le FIS puisse l'emporter une deuxième fois aux élections législatives de décembre 1991, tu cherches évidemment à comprendre pourquoi il fascine. La misère économique fournit-elle une explication suffisante?

Khalida Messaoudi – Cela compte énormément, bien sûr. Mais ne me convainc qu'à moitié. Cette misère économique n'est pas la racine du mal, elle en est le terreau. J'écoute ce que disent cinq fois par jour les imams et ce que proclament les militants du FIS, je lis vraiment tout ce qu'ils écrivent, j'observe à l'égard de qui s'exerce d'abord leur violence barbare : c'est forcément là que réside l'explication essentielle. Or, au cœur de leur vie, de leur pensée, de leurs imprécations et de leur sauvagerie, je vois une obsession de chaque instant, une de ces obsessions qui traduisent la folie : les femmes. Il faut le savoir, aucun autre thème n'occupe dans l'idéologie du FIS la place que les femmes y ont. Cette omniprésence, sans abuser d'une comparaison que l'on pourrait trouver trop fréquente ou trop facile, est exactement semblable à celle des juifs dans la rhétorique hitlérienne. A entendre les intégristes, les femmes sont la cause de tous les maux. Mieux : le salut de la oumma passe par leur soumission aux desiderata des imams. Ce n'est d'ailleurs pas un hasard si les féministes, modèles de femmes abhorrés, sont systématiquement traitées de « juives » par les islamistes, moi la première, baptisée par l'un d'entre eux « la Barbara Streisand ».

E. S. – Ils justifient leur obsession des femmes par des références permanentes au texte sacré. L'islam autorise-t-il ce genre d'interprétation ?

K. M. – Les intégristes justifient *a priori* et légitiment tous leurs actes et propos par l'islam. Mais je ne crois pas qu'un texte religieux, quel qu'il soit, apporte en lui-même des consignes d'interprétation. Il est ce que les hommes en font, selon leurs ambitions politiques, sociales, et leurs structures psychologiques. Un verset du Coran rappelle d'ailleurs aux croyants que toutes les lectures en sont possibles, mais qu'aucune n'est magistrale. Seul Dieu détient la vérité du message.

Quand je lis *Colomba* de Prosper Mérimée, j'y retrouve le statut des femmes dans la société traditionnelle algérienne. Pourtant Colomba est chrétienne, et nous musulmanes. Ce n'est pas dans la religion en tant que foi qu'il faut chercher les réponses. D'ailleurs, il y a quatorze siècles que les Algériens sont musulmans, mais la misère affective et sexuelle n'est devenue un phénomène social alarmant que dans ces dernières années.

E. S. – Si l'islam n'est qu'un prétexte, comme tu le penses, alors qu'y a-t-il derrière cette fixation ?

K. M. – La sexualité. Les intégristes, comme tout mouvement totalitaire, veulent avoir une mainmise absolue sur la société, et ils ont parfaitement compris que cela passe d'abord par le contrôle de la sexualité des femmes, que facilite le patriarcat méditerranéen. De plus, comme tous les purificateurs, ils haïssent et persécutent la différence, compagne inséparable de la démocratie. Or les femmes, c'est à la fois le désir, la séduction, le mystère, le trouble, et aussi l'altérité, qui est immédiatement visible sur leur corps. Voilà pourquoi les islamistes tiennent à le cacher, à le voiler, à faire disparaître la différence biologique dans ses signes extérieurs. Celles qui refusent d'en passer par là deviennent des cibles parfaites, puisqu'elles incarnent cet autre dont les intégristes ont besoin pour mobiliser et rassembler autour d'eux. C'est d'autant plus aisé alors, que les femmes sont les éléments les plus faibles d'une société, et qu'en Algérie elles ont été encore fragilisées par les systèmes antérieurs, colonisation puis FLN.

E. S. – Pour que l'intégrisme prenne, encore faut-il qu'il y ait une profonde frustration sexuelle et affective dans la population...

K. M. – Mais c'est le cas! En particulier chez les jeunes Algériens. La sexualité est taboue dans nos sociétés, mais il n'est pas nécessaire d'entendre des discours pour savoir que cette frustration existe, et qu'elle est profonde. Les structures d'organisation traditionnelles ont été détruites par la colonisation, puis les familles ont été cassées par l'urbanisation et l'industrialisation. Le clan a été pulvérisé. L'équilibre que les femmes et les hommes parvenaient au moins à trouver dans le mariage, à l'intérieur du clan, a disparu. Leur propose-t-on en échange des libertés et des facilités qui leur permettraient de s'épanouir? Non. Mais comme les règles de séparation des sexes qui ordonnent la vie personnelle, toutes les règles que j'ai exposées au début de nos entretiens, demeurent en vigueur, beaucoup d'Algériens vivent aujourd'hui sans connaître du tout l'autre sexe. La crise du logement que j'ai évoquée ne fait évidemment qu'aggraver la situation. Cette détresse sexuelle a des conséquences dramatiques. Tout cela sécrète une société très perturbée, dont le FIS profite.

E. S. - Cette misère sexuelle accrue ne se greffe-t-elle pas sur des relations traditionnellement très difficiles entre les hommes et les femmes?

K. M. – Il est certain que le patriarcat méditerranéen poussé à l'extrême ne favorise pas ces relations, et qu'une violence plus ou moins sourde les habite. Chez nous, malgré les apparences, les hommes ne sont pas plus libres d'être eux-mêmes que les femmes. Je suis toujours frappée par la difficulté qu'éprouvent nos hommes à dire : « Je t'aime », tout simplement. Ils manifestent une vraie souffrance, même chez les plus libérés, à parler de tendresse et d'amour. Les mères jouent un rôle capital dans cette impossibilité, car elles imposent à leurs fils la vision qu'ils auront d'eux-mêmes. Et cela commence très tôt, dès la circoncision. Chez nous, elle est rarement pratiquée dans les premiers mois après la naissance, mais le plus souvent vers cinq ou six ans. Dès lors, elle prend la forme d'un rite initiatique à la virilité. Traumatisant, à mon sens. A partir de ce moment, l'immense menace qui pèse sur les garçons qui ne se comportent pas « en hommes », c'est d'être comparés aux filles. Les mères leur répètent : « Tu pleures comme une femme. » Or la femme est ce qu'il y a de plus déconsidéré. Suit toute une éducation, qui est un véritable dressage dans la dureté. Mais n'est-ce pas le cas, au fond, de beaucoup d'autres sociétés encore aujourd'hui ? Non seulement les mères volent leur enfance à leurs fils, mais elles les inhibent à vie. Et elles agissent ainsi parce que leur propre statut est en jeu. De la même façon qu'elles sont le relais des hommes concernant les filles, elles le sont aussi pour les garçons. Pour eux, c'est inextricable. Cela dit, j'en suis bien consciente, ces propos sont un peu expéditifs. Tu poses là une question de fond qui mérite une analyse plus compétente.

E. S. – De cette situation, néanmoins, découlent toutes les violences sexuelles dont quelques femmes courageuses osent témoigner...

K. M. – Bien sûr, mais il n'y a pas que ces violences-là. L'homosexualité masculine, absolument taboue, en est une, car elle n'est pas un choix de liberté, dans la quasi-totalité des cas. C'est une pratique par défaut, et qui va jusqu'au viol des petits garçons. Car il y a aussi toutes les violences sur les enfants.

E. S. – Dans l'intimité du hammam, les femmes parlent-elles de cela ?

K. M. – Et comment ! Au hammam, les femmes se racontent tout, il y règne une fabuleuse complicité, et elles se mettent en garde les unes les autres contre ces pratiques qui ont cours dans les maisons refermées sur elles-mêmes. Le secret est tacitement assuré, personne n'a à craindre une indiscrétion. Moi, j'adore les écouter, surtout les matrones que j'appelle « les reliefs de l'Algérie ». Elles ont une extraordinaire liberté de propos. Elles aussi, il est rare de les entendre parler avec tendresse de leur mari. D'ailleurs, elles ne le nomment jamais, elles l'appellent « Lui ». Tout en se lavant, elles se plaignent des coups, elles déblatèrent sur la belle-mère, bien sûr, et cherchent à la tuer symboliquement en échangeant toutes les recettes possibles et imaginables pour « tenir » le fils, leur mari. Elles font le procès de la deuxième épouse, la polygamie étant un inépuisable sujet de vindicte. Bien que le phénomène soit limité, il reste leur hantise, et elles ont raison. Elles s'en prennent au « connard » qui fait ça pour le sexe, et parce que la seconde femme est une force de travail supplémentaire. Tantôt elles pleurent, tantôt elles rient de ces malheurs, contre lesquels elles ne se révoltent que dans ce huis clos. Nulle part mieux qu'ici, pendant ces longues heures qui procurent aux femmes le seul bien-être de leur vie, tu ne touches du doigt leur silencieux calvaire du dehors... Mais j'allais en parler au passé, puisque le GIA, le Groupe islamique armé, nous a interdites de bain. Il n'en demeure pas moins qu'en dépit de la terreur les femmes continuent à y aller. N'est-ce pas là aussi un formidable acte de résistance?

E. S. – Pourquoi cette interdiction puisque les femmes sont entre elles?

K. M. – Une anecdote... Un jour, au hammam, une fille en hidjab, une militante du FIS, a débarqué dans le vestiaire. « Ce que vous faites est un péché, vous êtes en train de vous dénuder, et Dieu n'aime pas ça. » Une mère de famille s'est mise en colère : « Toi, tu vas m'apprendre l'islam? Et m'expliquer que je suis une mécréante? Si tu continues, je te plonge avec ton hidjab dans l'eau bouillante! C'est vous qui êtes des vicieux! Vous n'avez que ça dans la tête! »

Elle avait raison. Et sais-tu pourquoi, selon ces illuminés, il est dangereux que les femmes se montrent nues les unes aux autres ? Parce qu'elles pourraient décrire à leur mari le corps de l'une d'entre elles, et le mari ira à son tour le répéter à un autre homme, et tout ça amènera la discorde, transmise par une femme, fille de Satan !

E. S. – Le FIS, dis-tu, profite de cet état de fait. C'est forcément qu'il offre une alternative. Or, à lire les discours de Madani et Benhadj, pour ne prendre qu'eux, en quoi cette alternative consiste-t-elle concernant les femmes ? A les empêcher de travailler, à faire d'elles des « fabriques de musulmans », et quelques autres projets de ce style ?

K. M. – Ces projets prouvent que le FIS ne libère d'aucune façon les femmes : il les délie des anciennes entraves pour mieux leur imposer les siennes. Cependant il faut se rendre à l'évidence : les intégristes séduisent et même fascinent des femmes. Pourquoi ? Parce qu'ils leur proposent un moyen d'identification et d'affirmation d'elles-mêmes qu'elles n'avaient plus, après tous les chamboulements que j'ai décrits. Ils leur offrent ce que la société traditionnelle, subsistant à l'état de traces, ne leur apporte plus. Mais ils ne les renvoient pas à la tradition algérienne, puisqu'ils la combattent pour pouvoir s'imposer. Le FIS s'est au contraire adapté à la situation nouvelle des femmes, sans que l'on puisse pour autant parler de modernité. Il ne faut pas confondre cette notion, qui a un sens très précis, avec la tactique politique souple et subtile qu'ils ont adoptée, et dont le seul objectif, obscurantiste, est de parvenir à un État islamique prétendument originel, idéalisé, qui n'a jamais existé.

Regardons ce qui se passe. Si le hidjab est un des

instruments de l'identification, il ne suffit pas. Les femmes, avec le FIS, obtiennent aussi une parole politique que le FLN ne leur a jamais accordée et qui, sous sa forme démocratique, est trop difficile à conquérir. J'ai toujours été frappée par le comportement si particulier de celles qui entrent dans les ordres intégristes : elles parlent, alors qu'avant elles se taisaient obstinément ! Elles ont soudain un discours, des idées qu'elles défendent, pour lesquelles elles vont même manifester dans la rue, sur ordre bien sûr, mais ce n'est pas l'essentiel. Mieux : le FIS leur donne un lieu pour cette parole politique, un lieu auquel dans la tradition elles n'ont jamais eu droit, un lieu dehors. La mosquée. Sans doute s'agit-il alors d'encenser et de reproduire l'idéologie de l'imam, et son corollaire, la suprématie du masculin. Mais les femmes y gagnent une identité, très difficile à contester, car elle est investie d'une puissance sans égale : la force du sacré. Un père, un frère, une belle-mère peuvent s'opposer à bien des choix : le travail, l'art par exemple. Comment oseraient-ils s'attaquer aux détenteurs autoproclamés du message divin ? D'où une certaine démission de leur part, par peur ou par complicité tacite. Et cette démission des parents renforce, chez les femmes, leur nouveau sentiment d'appartenance à un monde qui présente des avantages.

Ce n'est pas tout. Le FIS, dans les mosquées, assure l'une des fonctions de l'ancien clan : le mariage. Sur les murs de certaines d'entre elles étaient placardées les photos des filles à marier. Les problèmes sexuels et les réponses à y apporter étaient consignés dans les manuels à deux sous qu'on y distribuait. Avec le FIS, on se marie entre militants, sur une base idéologique. Quel progrès, quel privilège par rapport aux difficultés dont j'ai parlé ! Surtout qu'il n'est nul besoin du consentement des familles, de posséder un logement : la bénédiction de l'imam instructeur suffit. Plus nécessaire non plus d'avoir une dot. Le mariage intégriste en dispense, énorme facilité dans une société de jeunes chômeurs sans le sou. Bref voilà, cette fois-ci, un statut social à peu de frais. Et un certain équilibre sexuel trouvé. Aubaine ! Les femmes l'obtiennent dans le cadre d'une relation reconnue par le « parti de Dieu », même si elle ne l'est pas par l'ensemble de la société... Enfin, pour tous ceux et celles qui ne trouvent pas de partenaire, le FIS pourvoit au manque : il propose une sublimation, par l'exaltation de la pureté. Les jeunes qui vivaient leur situation comme un drame absolu et définitif se retrouvent très nombreux à la partager, avec la foi pour justification. Cela devient beaucoup plus facile à porter. En apparence du moins. Car l'exaspération sexuelle subsiste, et seule la violence lui est un exutoire.

E. S. – D'où les viols, les mutilations, les décapitations ensuite. Est-ce ce qui explique également, selon toi, l'introduction à partir de 1991 du « mariage temporaire » ?

K. M. – Je crois en effet que le « zaouadj el moutaâ » est lui aussi une conséquence de l'exaspération sexuelle. Cette pratique consiste à imposer aux femmes un « mariage » pour quelques heures ou quelques jours. Interdite chez les sunnites par le prestigieux khalife Omar, en vigueur chez les chiites en particulier en Iran, elle a été importée en Algérie par les militants du FIS qui sont allés à Téhéran ou qui ont participé aux maquis afghans. Mais même dans le FIS, elle reste minoritaire. Ce n'est rien d'autre que de la prostitution déguisée que ces hommes essayent d'imposer, avec l'alibi de Dieu. Il ne m'intéresse pas du tout de savoir si quelques femmes, qui y perdent pourtant tout, en viennent à l'accepter parce qu'elles y voient une possibilité d'avoir des rapports sexuels avec un homme. Ce que je constate avec horreur, c'est que toutes celles qui s'y refusent sont abominablement violées et tuées. En novembre dernier, la presse a montré des photos de ce qui restait de deux sœurs, l'une de quinze ans, l'autre de vingt, qui n'ont pas voulu se soumettre à ce « mariage temporaire ». Crois-moi, il était impossible de ne pas avoir l'estomac au bord des lèvres... Malheureusement, cet exemple est multiplié par... je ne sais pas par combien, car nous n'arrivons pas à avoir de chiffres là-dessus. Tous les témoignages que nous parvenons à collecter montrent que le phénomène est important.

E. S. – Les intégristes se livrent aussi à des violences sexuelles sur les enfants...

K. M. – Mais ils le font au nom de Dieu. Avant même les élections de décembre 1991, des scandales éclatent. Le journal *Horizons* rend compte d'une affaire qui a eu lieu à Blida, le fief intégriste. Un imam, prédicateur du FIS, s'est attaché un gamin de quatorze ans, et l'a violé en voyage, à Oran. On savait encore beaucoup d'autres choses. Mais comment les faire connaître ? Jusqu'à ce que, dernièrement, le pouvoir ouvre l'antenne télévisée à un prédicateur repenti. Pour mieux justifier la répression, bien sûr. Personnellement, tout ce qui ressemble à de la délation me met profondément mal à l'aise. Et je me suis demandé pourquoi, au lieu de laisser la parole à cet homme, ceux qui nous dirigent ne nous la donnent pas, à nous qui proposons une autre société. Toujours le même problème... Bref, j'en viens à cette affaire. En 1994, le GIA a enlevé deux prédicateurs pour les besoins de ses tribunaux islamiques : d'ordinaire, c'est « l'émir » qui y rend la « justice », mais lorsqu'il fait défaut, il faut un imam consacré pour le remplacer. Le premier des deux kidnappés appartenait au mouvement Hamas, suspect aux yeux du FIS d'avoir des accointances avec le pouvoir. Ce prédicateur, animateur important de la daâwa islamique, a refusé de légitimer les fatwas qui impliquaient la violence et la mort des cibles désignées. Il a été retrouvé mutilé, décapité, et coupé en morceaux. Le second a accepté de le faire. Mais il a réussi à s'enfuir et, très perturbé psychologiquement par ce qu'il avait fait et vu, il est passé aux aveux. Il a raconté son passage dans le monde de la mort, devant l'Algérie tout entière. Il a notamment évoqué tous ces viols d'enfants pour lesquels il avait été forcé de donner sa « bénédiction ».

E. S. – Le bulletin de ton association, l'AITDF, tient un compte le plus précis possible de toutes les exactions du FIS. Tu es prête – cette fois-ci sans aucun aveuglement – à affronter Abassi Madani dans un débat télévisé où tu es invitée comme une des représentantes de la société civile. Comment se passe ce débat?

K. M. – La situation était extrêmement tendue, car la loi électorale ne satisfaisait personne. Les femmes étaient de plus en plus ouvertement dans le collimateur du FIS. Les artistes aussi, déjà. Madani s'en était pris, entre autres, aux féministes comme moi qu'il avait traitées d' « éperviers du néocolonialisme » et de « filles de Jeanne d'Arc », au lendemain d'une manifestation contre l'intolérance. Dans cette émission « Face à la presse », je me suis adressée à lui en arabe dialectal, pour être bien certaine que tous les spectateurs me comprendraient. Je lui ai d'abord demandé de confirmer ses propos. Il l'a fait, en me disant qu'il nous a insultées parce que nous étions contre le Code de la famille, le seul texte conforme, selon lui, à la charia. Alors, je l'ai interrogé sur la polygamie. Il l'a revendiquée comme un devoir de la charia : « On est pour la charia ou on est contre. » J'ai soulevé devant lui la question du droit des femmes à la majorité civique. Il m'a répondu textuellement : « Pour nous, les femmes sont majeures à la puberté ! » Je croyais vraiment que sa nullité allait étonner et dégoûter tout le monde. Cela n'a pas été le cas. Puis, j'en suis venue au programme incitant les femmes à rentrer au foyer, moyennant des allocations « indexées sur la compétence ». Où allait-il prendre cet argent, les caisses de l'Algérie étant vides ? Sa réplique : « Nous supprimerons la police et la gendarmerie, et nous récupérerons le budget pour ces allocations. » Évidemment, la police des mœurs dans l'État islamique doit se faire par militantisme. Bref, il s'est montré sous son vrai jour doctrinal.

E. S. – L'as-tu vu, ce soir-là, en vainqueur possible des élections législatives, devenant l'une des figures centrales de l'Algérie ?

K. M. – Non. Pour moi, un homme qui confond la majorité civique avec la puberté ne peut prétendre diriger un État moderne.

Chapitre 11

L'INTERRUPTION
DU PROCESSUS ÉLECTORAL :
ERREUR HISTORIQUE
OU DEVOIR PATRIOTIQUE ?

Elisabeth Schemla – Pourquoi les élections législatives qui devaient avoir lieu en juin 1991 sont-elles repoussées ?

Khalida Messaoudi – Le FIS ne veut pas du mode de scrutin majoritaire à deux tours adopté par le gouvernement, ni du découpage électoral sur mesure, qui pénalise terriblement tout ce qui n'est pas le FLN... Ce sont des socialistes français, que je sache, qui ont été les consultants du pouvoir algérien dans cette affaire qui devait nous coûter si cher ; eux, qui ont suggéré de choisir pour l'Algérie les mêmes modalités électorales que pour la France, contribuant ainsi à étouffer dans l'œuf les partis démocratiques naissants : dans le contexte algérien, seule la proportionnelle aurait permis un vrai pluralisme, et nous, les féministes, en avions parfaitement conscience. Ces socialistes n'ont pas non plus, me semble-t-il, protesté en constatant que dans ce scrutin le droit de vote des femmes allait être, en quelque sorte, « volé » par leurs maris. Ce sera le combat incessant des féministes que de changer cela.
Cette parenthèse faite, j'en reviens au FIS. Il décide donc de prendre le pouvoir par la rue,

comme ça s'était fait à Téhéran. Il appelle à une grève paralysante qui devait « arrêter » le pays, et c'est un échec. Il se replie alors sur une « grève de désobéissance civile » qui voit, à Alger, à peine plus de six mille militants fissistes se répartir sur deux grandes places de la capitale. Un de leurs slogans annonce clairement la couleur : « Nous ne voulons ni de charte ni de constitution, nous voulons gouverner par le Coran et les hadiths. »

E. S. – Les forces de l'ordre et les islamistes s'affrontent violemment. L'état de siège est instauré, et les deux dirigeants du FIS, Madani et Benhadj sont emprisonnés. Ils seront condamnés à douze ans de prison. Mais le FIS n'est pas interdit...

K. M. – Et ça n'est pas normal. Mais doit-on s'en étonner? Rappelons-nous qu'au lendemain des élections municipales de 1990, à la fin d'une conférence de presse, Madani a lancé devant tous les journalistes algériens et internationaux : « Chadli est un grand homme! » Et Chadli, en effet, refuse d'interdire le FIS. C'est d'autant plus inadmissible qu'à cette époque – il suffit de s'y référer –, toute la propagande écrite et orale du Front s'en prend violemment à la démocratie. Elle est dénoncée chaque jour, partout dans le pays, comme une invention satanique des juifs et de l'ex-puissance coloniale, comme un modèle antinationaliste, antiarabe, donc antimusulman, et de plus « impie » comme le proclame Ali Benhadj. Elle porte en elle la monstrueuse laïcité, assimilée à l'athéisme. Depuis 1989, Benhadj ne cesse de déclarer qu'« il n'y a aucune place pour les laïcs, les berbéristes, les communistes, etc., dans une société islamique ». Il ne peut y avoir aucun doute sur l'attitude et les intentions du FIS. Mais tout le monde laisse faire. Sans doute parce que personne ne croit qu'il l'emportera, sa gestion désastreuse des APC ayant ouvert les yeux des Algériens.

E. S. – La Fraternité des Algériens en France, organisation proche du FIS, prétend que tu t'es présentée aux législatives et que tu n'as eu que huit voix. De quoi s'agit-il?

K. M. – C'est évidemment une de ces multiples calomnies, chères aussi aux intégristes. Je me suis en effet présentée comme candidate indépendante et féministe aux élections qui devaient avoir lieu en juin. C'était une fausse candidature, pour alerter l'opinion sur la loi électorale et les pratiques du FIS et du FLN. Je me suis retirée, après une déclaration publique dans les journaux et à la télévision, avant même de savoir que ces élections allaient être annulées. Les huit voix n'ont donc jamais existé, et je ne me suis pas présentée en décembre 1991, puisque les femmes avaient arraché leur droit de vote.

E. S. – Pourquoi les féministes obtiennent-elles gain de cause sur le vote?

K. M. – Nous exerçons une très forte pression. Ni le pouvoir, ni la justice ne sont disposés à l'équité. Aucun parti politique démocrate ne dit : « Si les femmes ne sont pas considérées comme des électrices à part entière, nous n'irons pas. » Mais une fois de plus, les moudjahidets vont peser de tout leur poids, en organisant un sitting devant le bâtiment qui abrite le chef du gouvernement. Au cri de « Une femme, une voix! », qui reprenait à sa façon notre mot d'ordre d'après les municipales : « Le vote, c'est comme la prière, personne ne peut le faire à ta place. » Nous ne gagnons qu'un mois à peine avant les élections. Nous n'avons donc pas du tout le temps de nous organiser et de faire une campagne efficace.

E. S. – Pendant ce temps la violence du FIS continue...

K. M. – Évidemment! Mais, quand même, l'attaque de la caserne de Guémar dans le sud-est algérien, en novembre, par un commando du FIS, crée un choc terrible. C'est l'horreur. Dix-huit jeunes appelés sont trouvés, atrocement mutilés, les organes sexuels découpés et enfoncés dans la bouche. Pour la première fois, le général Nezzar, ministre de la Défense, implique directement le FIS. Nous sommes à quelques semaines d'un scrutin qui est toujours présenté, et vécu, comme démocratique et pluraliste.

E. S. – Le premier tour donne la majorité aux intégristes qui perdent néanmoins 1 200 000 voix. La victoire finale leur est acquise. Où votes-tu, constates-tu toi-même des irrégularités lors du scrutin?

K. M. – Je vote dans mon quartier d'El Biar, et je n'enregistre moi-même aucune anomalie. Pour une bonne raison : les militantes de mon association sont dans les bureaux et ne relâchent pas un instant leur vigilance. Mais ailleurs!... Les morts et les absents votent. Les femmes sont obligées par leur mari ou leur frère, de mettre tel ou tel bulletin. Un million de cartes d'électeurs du FFS ou du RCD ne sont jamais arrivées à destination : et pour cause, puisque le FIS a la majorité des mairies et gère les listes électorales. Dès la clôture du scrutin, je file à la salle de presse du ministère de l'Intérieur pour chercher les premiers résultats...

174

E. S. – Et?

K. M. – Je m'en souviendrai toujours... J'ai d'abord l'impression que le ciel me tombe sur la tête. Je suis rétamée, mais je ne sombre pas, alors pas du tout, dans le désespoir! L'évidence s'impose à moi, immédiatement : « Jamais, jamais, jamais ça! » Ou je me laisse faire pour souscrire à la démocratie formelle, et je sais que ça me mène à l'abattoir; ou je ne marche pas, parce que ni pour moi, ni pour les femmes, ni pour mon pays, je ne veux d'un État islamique. Je me sens à la seconde, là, dans ce ministère, en état de légitime défense. Les femmes et l'Algérie aussi... Regardons les chiffres :
- nombre d'électeurs : 13 258 554
- nombre de votants : 7 822 665
- nombre d'abstentions : 5 435 929
- suffrages exprimés : 6 897 719
- bulletins nuls : 924 906

Le FIS obtient dans ce scrutin majoritaire à deux tours, marqué par la bipolarisation FLN/FIS, 3 260 222 voix, soit 42,05 % des voix exprimées et 24,79 % du total des inscrits. Autrement dit, il fallait lui donner l'Algérie pour en faire une arène de mort, et cela, pour moins du quart des électeurs! Pas question! La seule garantie que nous offrait la Constitution, c'était le président Chadli, allié avoué du FIS avant le scrutin. Continuons avec les chiffres, ils nous donnent une autre indication intéressante. Si l'on cumule les abstentions et les bulletins nuls, il y a un parti majoritaire, avec près de six millions et demi de voix : celui qui refuse de choisir entre le FLN et le FIS, qui rejette catégoriquement l'affrontement programmé.

E. S. – Veux-tu dire que l'interruption du processus électoral – qui n'avait nullement été envisagé puisque personne ne croyait à une victoire du FIS – te vient tout de suite à l'esprit?

K. M. – Absolument. Et dans l'heure qui suit, je découvre que beaucoup, beaucoup de gens y pensent tout aussi spontanément. Je crois que l'on n'a pas bien compris, à l'étranger, ce que ces résultats signifiaient exactement pour nous. Je dénie à quiconque le droit de nous juger avant d'avoir pris en compte, sincèrement et honnêtement, cette considération : lorsqu'on sait le danger mortel que représente un parti fasciste pour une nation, a-t-on, oui ou non, le droit et le devoir de lui barrer la route, et ceci quelle que soit son audience? J'admets qu'on pourrait, aussi, lorsqu'on en a les moyens, quitter son pays, faire salon et disserter sur les principes formels, sans jamais risquer sa peau... Ce n'est ni mon genre, ni mon choix.

E. S. – Ne t'interroges-tu pas, au moins, sur la frustration considérable que vont éprouver les millions d'électeurs qui, pour la première fois, ont voté lors d'un scrutin un peu moins truqué qu'à l'ordinaire?

K. M. – Je l'assume aussitôt. Il y a des moments, dans l'Histoire, où il faut savoir endosser les conséquences de ses actes. La résistance n'est pas toute rose. Mais elle est le contraire du noir absolu promis par l'islamisme.

E. S. – Alors, que se passe-t-il exactement?

K. M. – D'abord, je retrouve toutes les femmes des associations qui sont sur la même ligne que nous. Par ailleurs, nous prenons contact par téléphone avec tous les amis qui sont dans les autres grandes organisations. Un de mes copains – Hafidh Senhadri,

176

qui sera l'un des premiers assassinés après 1992 – me prévient qu'il est question de monter un Comité de sauvegarde de l'Algérie qui comprendrait les associations de femmes, l'Union nationale des entrepreneurs publics, l'organisation des entrepreneurs privés, l'Association nationale des cadres de l'administration publique, et probablement la toute-puissante Union générale des travailleurs algériens, avec ses trois millions de syndiqués. Sans compter tous les membres de professions libérales, les militants RCD et ceux du Mouvement culturel berbère. C'est-à-dire la quasi-totalité des millions d'Algériens de la société civile, des responsables de la nation, qui font tourner le pays. Le lendemain, l'AITDF prépare un texte et nous demandons audience au Premier ministre, Sid Ahmed Ghozali. Il nous reçoit, nous écoute sans broncher lui rappeler ce proverbe algérien : « Ce que tu as fait avec tes mains, tu le déferas avec tes dents. » Il annoncera ensuite que le premier tour est validé, et que le second aura lieu comme prévu.

E. S. – Entre les deux tours, la situation est proprement dramatique. Le terme de crise est insuffisant pour décrire ce qui se passe...

K. M. – La campagne électorale reprend à la télévision. Les positions des uns et des autres sont clairement définies. Du côté du FIS, un porte-parole âgé, qui a été dans les SS, Mohamed Saïd, expose le programme du Front et assure que ni les musulmans apostats ni les étrangers n'auront droit de cité en Algérie. Rabah Khébir, un dirigeant, aujourd'hui représentant du FIS à Bonn, dit le 2 janvier 1992 à la télévision : « Celui qui ne votera pas pour " notre " Islam devra quitter le pays. » Lors d'une conférence devant la presse internationale, d'autres responsables préviennent : « Les Algériens devront changer d'habitudes alimentaires et vestimentaires. » À bon entendeur, salut! Ils ajoutent : « L'État islamique s'inspirera des modèles iraniens, saoudiens et soudanais. » Ce ne sont pas précisément des paradis démocratiques. Enfin, le nouveau porte-parole du FIS en Algérie déclare à propos des cadres qui refusent l'islamisme : « Moi, à leur place, je prendrais le bateau. Et nous, nous importerons des bateaux de cadres musulmans. » Dernier point : les listes de gens à vider de leur logement et à exécuter étaient faites, envoyées aux militants chargés de la besogne. C'est ainsi que j'ai moi-même été prévenue par un jeune du FIS, un Kabyle, dont la fibre régionaliste l'a emporté sur le devoir partisan.

E. S. – Le RCD, que tu soutiens, obtient à peine deux cent trente mille voix. N'est-ce pas dans cet échec qu'il faut chercher l'une des raisons principales de son opposition à la continuation des élections?

K. M. – Pour un parti débutant, constitué de jeunes, ce résultat n'est déjà pas si mal, à mon sens. Mais aurait-il eu cinq cent mille ou un million de voix, que cela n'aurait fait aucune différence. À partir du moment où les choses n'étaient pas jouables à l'Assemblée contre les élus du FIS, le RCD n'avait pas le choix. Saïd Sadi a pris sa décision après une étude minutieuse des ballottages. Or ils étaient presque tous favorables aux intégristes, qui en auraient remporté 80 %. Ce résultat leur aurait donné légalement la possibilité de réformer la Constitution, et d'appliquer la charia dans sa totalité. Le seul rempart contre cette modification constitutionnelle aurait été Chadli!

E. S. – Aït Ahmed, lui, n'est pas du tout partisan de l'interruption du processus électoral. Elle le priverait de la reconnaissance légitime qu'il attend depuis trente ans : le bon résultat qu'il a fait au premier tour, qui laisse bien augurer de la suite. Il organise une manifestation à Alger, le 2 janvier, qui réunit tout de même trois cent mille personnes.

K. M. – Pour ce qui est de la réussite électorale d'Aït Ahmed, le FFS a eu 510 661 voix, c'est-à-dire 6,58 % des voix exprimées et seulement 3,88 % des inscrits. Il a fait le plein de ses voix, et tout le monde le sait, Aït Ahmed compris. Les abstentionnistes de l'Algérois et de la Kabylie, qui ont participé à cette manifestation, venaient de circonscriptions déjà tombées au premier tour dans les mains du FIS ou du FFS. Ce dernier était en ballottage dans treize circonscriptions, dont cinq avec le RCD. Au mieux, il aurait donc pu passer de vingt-cinq à trente-huit sièges. Je me demande donc par quel miracle il aurait réussi, dans ces conditions, à contrer l'alliance naturelle du FIS et du FLN.

E. S. – Dès lors, l'hostilité d'Aït Ahmed au RCD n'était-elle pas prévisible ? Et sa participation, beaucoup plus tard, à la réunion de Rome, également ?

K. M. – L'opposition d'Aït Ahmed au RCD date de la création de ce parti. Je crois qu'il n'a jamais accepté qu'une partie de ses propres troupes se soit dissociée de lui dès 1982, et ait fondé plus tard une autre organisation. Il ne l'a pas supporté, comme un père refuserait l'autonomie de son fils. Sa fixation sur le RCD et la nature des propos qu'il tient à son sujet, purement diffamatoires, révèlent son incapacité à traiter politiquement ce parti. Je regrette qu'Aït Ahmed n'ait pas compris que ce n'était pas pour priver le FFS de son « dû » électoral que le RCD et la société civile ont revendiqué l'arrêt des élections – quelle absurdité ! –, mais parce qu'elles menaient à une dictature théocratique. Quant au rapprochement entre le FFS, le FLN et le FIS, il a commencé bien avant Rome, juste après le premier tour des élections de 1991. Je suis sincèrement désolée que le FFS ait perdu son demi-million de voix. Mais s'il espère trouver une compensation en s'alliant au FIS, et tirer ainsi son épingle du jeu, c'est son affaire. Qu'on ne me demande pas pour autant de définir ma propre position d'après le chantage que fait Aït Ahmed : « Mes voix ou la guerre contre le RCD. »

E. S. – Quand tu adhères de toute ton âme à l'idée d'interrompre les élections, ne comprends-tu pas que le FIS, amputé de sa victoire, fera de la surenchère dans la barbarie ? Ne fallait-il pas anticiper, prévoir le cycle infernal violence-répression ?

K. M. – Ta question présuppose que la violence du FIS est une réponse à l'interruption des élections. Or les faits sont là pour démontrer qu'elle était bien antérieure. Je sais que beaucoup d'observateurs, réellement ignorants de la situation en Algérie ou habités d'arrière-pensées, ont cherché à accréditer cette thèse. Je la trouve franchement scandaleuse, voire insultante pour les Algériens confrontés depuis longtemps aux actes du FIS. Je me suis employée à raconter, le plus honnêtement du monde, je crois, tout ce qui se passait depuis des années dans mon pays. Rien n'était confidentiel, secret. N'importe quel journaliste, diplomate, cadre étranger peut voir, lire, témoigner. Par ailleurs, si la violence de l'intégrisme n'était qu'une réaction de révolte contre l'arrêt du processus électoral, comment expliquer alors celle des intégristes égyptiens ou bengalis, qui sèment la mort sans qu'il y ait eu d'élections ? Je répète que nous avons affaire à un totalitarisme et que la violence lui est consubstantielle.

E. S. – Dans ces conditions, pourquoi ne pas avoir demandé l'interdiction du FIS et l'annulation des élections avant qu'elles aient lieu ?

K. M. – C'est sans aucun doute la meilleure question que l'on puisse poser. Je n'ai pas de réponse satisfaisante. Les communistes ont été les seuls à parler de boycott. Peut-être étions-nous englués, malgré nous, dans le dilemme que nous exprimions parfois, entre nous : « Quand on est démocrate, on ne peut pas être contre les élections. »

E. S. – Entre les deux tours, tu es une des premières, sinon la première, à réclamer que Chadli soit déposé.

K. M. – Cela se passe dans un meeting que les associations de femmes du Comité de sauvegarde de l'Algérie organisent, le 9 janvier 1991. Les trotskistes, elles, n'étaient pas là. J'étais dans un état de très grande émotion et de très grande détermination. A la tribune, je demande qu'on arrête de focaliser sur le FIS. Et je dis : « Chadli est le premier fusible du FIS, il a déclaré officiellement qu'il cohabiterait avec les islamistes... Il faut le faire sauter ! Je plaide pour l'arrêt des élections ! Elles ne sont en fait qu'une passation de pouvoir, sous un habillage de légalité, entre le pouvoir et les intégristes ! » Je ne sais absolument pas, à ce moment-là, que deux jours plus tard, le processus sera effectivement interrompu. Je tiens ces propos en toute innocence, mais sans aucun état d'âme. Pour moi, tout simplement, il n'y a pas d'autre voie.

E. S. – Avec le soutien délibéré de la société civile, l'armée, ou plutôt un clan de l'armée contraint Chadli à la démission le 11 janvier 1992. L'Assemblée nationale est dissoute, les élections annulées. C'est un coup d'État paradoxal : une poignée de généraux, suivie par une génération de jeunes officiers, renverse un pouvoir et bloque l'avènement d'un autre, au nom de la démocratie. Y adhères-tu sans réserves ?

K. M. – Le clan de l'armée qui fait ce coup d'État agit pour son compte et pour ses propres raisons. Je n'ai pas forcément les mêmes que lui de vouloir arrêter les frais. Entre tous les hommes du régime (plus quelques autres...) et moi, il y aura toujours le Code de la famille et la situation des femmes. Mais il y a convergence circonstancielle d'intérêts. Il se trouve que c'est un clan de l'armée qui réalise ce que je souhaite, qui a les moyens de le faire. Lorsque je vois que tous les militaires ne sont pas chadlistes et qu'il y a parmi eux, si je peux me permettre la comparaison, des adeptes de De Gaulle et de sa résistance à la collaboration, je constate que nos démarches se rejoignent. A mes yeux, interrompre ces élections-là est un devoir patriotique, et j'ai beaucoup de mal à saisir qu'on ne comprenne pas que l'Algérie, en janvier 1992, est littéralement en danger de mort. J'ignore absolument que, dans quelques jours, Boudiaf sera à la tête du pays. Ça ne me serait même pas venu à l'idée ! Il est loin, âgé, on ne l'a plus revu en Algérie depuis trente ans, on ne parle jamais de lui. Qui pourrait imaginer – sauf ceux qui le font revenir – qu'il sera l'homme providentiel ? Vraiment, personne.

E. S. – Le Haut Comité d'État mis en place par l'armée choisit en effet à sa tête Mohamed Boudiaf. Quelles sont tes premières réactions quand tu l'apprends?

K. M. – Partagées. D'un côté, c'est une figure de légende pour laquelle j'ai beaucoup de respect. L'un des fondateurs de l'Algérie indépendante, un de ses chefs historiques. On ne trouve pas souvent chez nous un opposant, un socialiste, qui ne transige pas du tout avec ses principes. Boudiaf avait été arrêté, torturé et condamné sous Ben Bella. Il avait réussi à s'échapper au Maroc où il s'était installé et dirigeait une briqueterie. D'un autre côté, j'éprouve une déception : « Ils sont encore allés nous chercher un vieux du FLN, on n'en sortira jamais! » Et puis, le 16 janvier, il fait son premier discours en direct à la télévision. Surprise! C'est un homme grand, mince, au visage émacié qui sort vraiment de l'ordinaire. Et il parle avec ses mains, comme nous, les Algériens. Bref, il a un physique. Surprise encore : il parle en arabe dialectal, l'arabe de la rue! Il passe même au français! Je n'en crois pas mes oreilles, comme tout le monde. C'est la première fois de ma vie que j'entends un de nos chefs d'État, un de nos hommes politiques, délaisser l'arabe classique et s'adresser au peuple dans sa langue. Puis, c'est le choc. Que dit-il? « La mission du FLN s'est arrêtée en 1962. Allez, il doit partir au musée de l'Histoire! » Comment t'expliquer? Ça a été une sorte de coup de tendresse, qui ne s'est plus démenti pendant cinq mois et demi.

E. S. – Coup de cœur partagé. Le caricaturiste Dilem invente un diminutif bientôt repris par la rue, « Boudy ». Du jamais vu en Algérie. Qu'a-t-il donc de particulier, Boudiaf?

K. M. – Il peut dire aux Algériens leurs quatre vérités. Par exemple : « Les Algériens, paraît-il, sont fiers. Mais où est-elle, leur fierté, quand ils acceptent qu'on maltraite une femme devant eux ? » Ce que les gens n'auraient accepté de personne d'autre, de lui ils l'encaissent. Il suscite le respect parce que nous comprenons qu'il n'est pas comme tous ceux que nous avons traînés jusqu'ici. Voilà un peuple orphelin depuis la mort de Messali Hadj, et qui retrouve enfin un père, dont il reconnaît l'autorité et pour lequel il a de la tendresse. Boudiaf, en très peu de temps, va réussir un miracle : il commence à réconcilier les Algériens avec eux-mêmes, avec leur histoire, avec leur image. Il nous réapprend à croire en nous, à penser que nous ne sommes frappés d'aucune malédiction, que la régression n'est pas notre fatalité. Les Algériens se remettent à aimer l'Algérie.

E. S. – Vis-à-vis du FIS, il adopte une politique dure. Le Front est dissous le 4 mars 1992, les mosquées reprises en mains, et les militants arrêtés sont envoyés dans les camps du Sud...

K. M. – Boudiaf a d'abord essayé de dissocier les jeunes du mouvement de ses responsables. Il leur a dit qu'il ne servait à rien de réprimer celui qui fait fausse route en prenant les armes. Ce sont toutes les conditions qui le conduisent à cette extrémité qu'il faut changer. « Les militants du FIS sont nos enfants, je leur tends la main... Je les conjure de reprendre le combat politique dans le respect de la vie des gens et des biens des personnes... » Mais il ne fait pas de cadeau aux chefs, grands ou petits. Quelques semaines plus tard, il est sans ambiguïté : « Je ne dialoguerai jamais ni avec celui qui tue un Algérien, ni avec ses commanditaires. » Allusion directe au FLN que Boudiaf n'a jamais voulu recevoir, dont il connaît la responsabilité historique, et dont il sait à quel point il est truffé d'islamistes faisant le jeu du FIS. C'est, là encore, la première fois qu'un Président ose de tels propos. Pour nous, il est évident que Boudiaf va chercher à réformer les institutions et le système, dans le sens que nous souhaitons : en finir avec le FIS et le FLN. De l'air ! Cependant, il imposera que la justice s'exerce aussi à l'égard des jeunes, suspects d'islamisme, envoyés dans les camps du Sud : quinze jours environ avant son assassinat, il libérera six mille des huit mille détenus.

E. S. – Boudiaf reprend contact avec une Algérie qu'il ne connaît plus. Il consulte énormément, prend le pouls du pays. Il te reçoit...

K. M. – Je vais le voir, à sa demande, un après-midi, dans sa résidence. Il voulait bavarder avec la présidente d'association féministe que je suis. Tu t'en doutes, je lui parle, nous parlons d'abord des femmes et du Code de la famille. Je lui dresse un tableau le plus exact possible de la situation. Mais, comme je suis aussi professeur, il m'interroge longuement sur l'enseignement, sur les dégâts de l'arabisation, et la baisse du niveau moyen des élèves. Je comprends que ce sera l'un de ses dadas. Il me dit également qu'il a l'intention de mettre en place une structure qui sera chargée d'élaborer des projets pour le Haut Comité d'État. Il souhaite y voir de jeunes acteurs de la société civile. Voilà un homme qui a décidé d'enjamber les générations, et de faire appel à celle qui n'a pas de comptes à régler avec le passé, n'a pas pactisé avec le FLN, qui fait tourner la machine et tente de sauvegarder certaines valeurs. Curieusement, il me demande si je crois que les membres de cette structure devraient être rémunérés, et je lui réponds que non. Je suis frappée par deux choses : Boudiaf est moderne, ou plutôt moderniste, et il respire l'intégrité. Nous nous séparons très cordialement. Je suis emballée par cet homme.

E. S. – Le Conseil consultatif national est mis en place. Tu en es l'un des soixante membres. Pour toi, est-ce une chance ?

K. M. – Une chance unique. Quand un conseiller de Boudiaf m'a appelée pour me proposer cette responsabilité, je n'ai pas hésité un instant ! Il est évident que la volonté révolutionnaire de Boudiaf est inébranlable. Pour moi, pour ma génération, il est inespéré de participer à une structure qui doit contribuer à engager l'Algérie sur la voie de la démocratie. Au CCN, je m'occupe des femmes et d'éducation. Nous sommes dans une étrange situation politique où un Haut Comité d'État cumule les pouvoirs présidentiel et législatif après un coup d'État, mais apparaît très vite comme beaucoup plus crédible que s'il était issu des urnes. C'est un miracle. Le rôle du CCN est d'élaborer des propositions, chaque fois que le HCE le lui demande. Elles seront adoptées ou pas, c'est la règle du jeu.

E. S. – Quelles sont les réformes que Boudiaf veut engager très vite ?

K. M. – Il est obsédé par l'école, qu'il trouve indigne du peuple algérien. Comme il n'est pas kabyle, donc pas suspect de berbérophilie, il remet en cause l'arabisation, répète partout, dans tous ses discours, qu'il faut mettre à plat le système éducatif, le repenser entièrement, à la fois dans son contenu et du point de vue des langues. Il voudrait en finir avec l'endoctrinement intégriste auquel ses

186

prédécesseurs ont ouvert la porte. Il sait toucher les jeunes en leur parlant de culture, d'ouverture sur le monde moderne, les techniques et les sciences, de diplômes de qualité. Quand il évoque le chômage et promet des emplois, personne ne sourit...

E. S. – Pourquoi?

K. M. – Parce que Boudiaf, à peine arrivé, condamne, dénonce la corruption généralisée, érigée en mode de gestion par tous ceux qui en croquent au FLN, depuis des années et des années. Il invente le terme de « mafia politico-financière » pour désigner ceux qui ont fait main basse sur les richesses, et se sont ouvert des comptes en Suisse et ailleurs. Les Algériens vont y être immédiatement sensibles : rien ne peut leur faire plus chaud au cœur. Il dit tout haut ce que tout le monde pense, ce dont tout le monde souffre. « Je sais que cette mafia, c'est votre drame ! » Je me rappelle que lorsque nous avons entendu pour la première fois cette phrase, nous nous sommes fait la réflexion : « Eh bien, le premier opposant au régime algérien, c'est le Président lui-même ! » Boudiaf est un événement quotidien. Nous ne croyions pas si bien dire, hélas.

E. S. – Concrètement, que fait-il contre la corruption?

K. M. – Il charge des enquêteurs triés sur le volet, auxquels il donne les pleins pouvoirs, de mettre leur nez dans le D15. Le D15 est un décret qui permet d'importer et d'exporter des marchandises. C'est grâce à ce D15, attribué d'une manière clientéliste, ou abusivement authentifié par des douaniers véreux, que les fonds sont détournés, et que tous les trafics à très grande échelle peuvent se faire. Des affaires éclatent, certains réseaux sont démantelés. Alors, bien sûr, Boudiaf touche à des choses trop dangereuses. Le régime tout entier est impliqué, et combien dans l'armée ne sont pas concernés? Il devient gênant, trop gênant. Mais nous, si heureux de le voir faire tout ça, nous ne nous rendons pas compte à quel point il dérange.

E. S. – Est-il prêt aussi à s'attaquer au Code de la famille, prenant ainsi de front tous les tenants de la charia?

K. M. – Oui. Je ne revois pas le Président personnellement, mais je rencontre Mme Boudiaf à plusieurs reprises, et je découvre une femme mobilisée pour les femmes. Je pense qu'elle sait démontrer à son mari qu'il faut en finir avec ça. J'apprends en effet qu'il reproche à ses conseillers de ne pas lui avoir parlé du Code, « un très grand problème », et qu'il leur demande de créer tout de suite une commission chargée d'étudier son abolition. Dans son dernier discours encore, à Annaba, il parlera des femmes, de la nécessité d'une société où elles seraient respectées : « Une société sans femmes est une société infâme. »

E. S. – Boudiaf bouscule beaucoup, s'en prend à trop d'intérêts, devient un gêneur. Sa faiblesse est d'être un homme seul : il n'est pas du sérail, il n'a ni clan ni réseau pour le soutenir. La société civile et ses représentants, dont il s'est entouré, ne font pas le poids face aux vrais détenteurs du pouvoir. Boudiaf a été mis en place par l'armée pour sauver la face d'un régime pourri jusqu'à la moelle, mais il a le tort de prendre sa mission au sérieux. Selon toi, qu'est-ce qui signe définitivement sa condamnation?

K. M. – Boudiaf, ce n'est pas un secret, est préoc-cupé par les circonstances de sa nomination. Il ne cesse de répéter à son entourage : « Même si je suis populaire, je ne suis pas légitime, et je refuse de res-ter dans cette situation. Si je veux avoir les mains libres, il faut que je sois élu par le peuple, si le peuple en décide ainsi... » Il se met donc à réfléchir et à travailler sur des élections présidentielles, qui auraient lieu bien avant les échéances prévues lors de l'installation du HCE. Il parle de la fin 1992, éla-bore un projet de rassemblement patriotique natio-nal, prend des contacts avec les démocrates, se pro-pose de faire acte de candidature sur la base d'un appel clair, court, invoquant les principes républi-cains : alternance démocratique, pluralisme par-lementaire, État de droit, justice, liberté d'expres-sion, etc. Il veut préparer la passation de pouvoir à la jeune génération : « Nous, nous avons fait la guerre. Maintenant, il faut laisser les jeunes travail-ler à leur tour pour le pays ! » Nous, nous sommes enthousiastes... Nous comprenons beaucoup moins vite que ses assassins que son projet va aboutir, qu'il va même être élu, et changer la face de l'Algérie. Nous le comprendrons seulement le jour de son enterrement. Quand on n'est pas structuré dans la culture de la magouille et du complot, il est difficile d'imaginer que son pays va s'offrir le « luxe » d'un tel assassinat politique.

E. S. – Le 29 juin 1992, en visite officielle à Annaba, Boudiaf est abattu dans le dos, devant les caméras de télévision, alors qu'il prononce un dis-cours extrêmement puissant sur la « rupture ». C'est l'horreur, le choc. Personne ne croit à la thèse de « l'illuminé », sympathisant des islamistes, qui l'aurait tué sur un coup de tête parce qu'il faisait la guerre aux islamistes. Qu'en penses-tu ?

K. M. – Les assassins de Mohamed Boudiaf sont toujours au pouvoir. Le président Zeroual les connaît fort bien. Justice n'a toujours pas été rendue. Tant que la vérité ne sera pas faite, la crise de confiance entre les Algériens et leurs gouvernants persistera. Rien ne pourra se construire. Tant que les responsables de la mort de Boudiaf dirigeront ce pays, la résistance est, là encore, la seule issue. L'alchimie qui s'est produite entre cet homme et les Algériens a été un miracle. N'a-t-on pas vu à son enterrement des jeunes islamistes, troublés par son message, lui souhaiter bonne chance? Je ne désespère pas qu'elle puisse se reproduire.

E. S. – Crois-tu vraiment que Boudiaf avait su toucher des jeunes tombés dans l'intégrisme?

K. M. – Certains d'entre eux, oui, et n'importe qui te le confirmera. L'impact de Boudiaf sur la jeunesse a touché aussi les troupes du FIS, qui en a été profondément ébranlé. La preuve : Boudiaf a pu interdire les prières dans la rue, faire rétablir la devise de l'État au fronton des mairies, sans que l'effusion de sang annoncée ait lieu. La violence n'a repris qu'après sa mort.

E. S. – Puisque tu accuses le pouvoir d'avoir assassiné Boudiaf, pourquoi es-tu restée au CCN jusqu'à la fin de son mandat, en janvier 1994?

K. M. – C'était peut-être une erreur de ma part. Mais j'ai discuté avec mes amis et mes camarades de combat. Nous avons pensé qu'il valait mieux que je reste dans le Comité consultatif pour pouvoir dénoncer, de là, la trahison du HCE et de l'armée à l'égard de Boudiaf. Ce que j'ai fait, mes positions publiques de l'époque l'attestent. Puis, à partir de mars 1993, les islamistes adoptent leur stratégie de violence ciblée à l'encontre des intellectuels. Les trois premières victimes, le 16 mars et le 17 mars, sont Djilali Liabes, ancien ministre de l'Enseignement supérieur, Hafidh Senhadri et Ladi Flici, tous deux membres du CCN, avec lesquels je siégeais. Moi-même j'allais recevoir ma condamnation à mort. Il ne pouvait être question de déserter.

E. S. – Qu'est-ce qui était en jeu, au fond, avec Boudiaf?

K. M. – La définition d'une identité individuelle et collective. Prétendre que la dichotomie se trouve entre ceux qui revendiquent une identité arabo-musulmane, et ceux qui font le choix de la modernité, comme on essaye de nous l'imposer, c'est mettre un voile sur la complexité algérienne. Boudiaf, comme un certain nombre de démocrates pacifistes, souhaitait que notre pays parvienne à se définir non pas pour ou contre l'Arabie ou l'Occident, mais à côté d'eux. Tout l'enjeu, tout le combat résident là : l'Algérie choisira-t-elle d'entrer dans la modernité par la démocratie ou par le totalitarisme, qui en sont les deux modèles contemporains?

E. S. – Quand Boudiaf meurt, perds-tu confiance?

K. M. – Je suis profondément malheureuse. Je suis aussi immensément fière d'avoir pu travailler avec cet homme. Et je sais que je continuerai à me battre, car il a montré qu'il est possible de s'en sortir.

Chapitre 12

SORTIR DE L'IMPASSE?

Elisabeth Schemla – Trois ans ont passé. L'Algérie a sombré, depuis, dans une violence générale sans précédent. Le bilan est de trente à quarante mille morts, victimes de l'intégrisme ou des forces de sécurité – parmi lesquels des étrangers. Pour la seule année 1994, on estime à six mille huit cents le nombre d'enfants, de femmes et d'hommes assassinés par les terroristes, tandis que la répression du pouvoir s'amplifie, frappant souvent sans discernement dans les quartiers populaires, qui sont des fiefs islamistes. Il a fallu attendre les premiers assassinats d'intellectuels et de journalistes, c'est-à-dire un changement stratégique des groupes armés du FIS, pour que l'opinion internationale prenne conscience des enjeux. Pour toi, que signifie cette nouvelle stratégie?

Khalida Messaoudi – Pour les islamistes, il faut vider le pays de tous ceux qui les dérangent vraiment. Il faut tuer l'intelligence, la création, l'alternative républicaine, la vie. A travers ses élites, c'est la société algérienne elle-même qui est visée, puisque tous mes amis qui tombent les uns après les autres n'appartiennent d'aucune façon au pouvoir. Dans leur guerre, les islamistes ne se trompent pas. Les cibles qu'ils choisissent défendent bien le seul projet de société radicalement différent du leur, pas forcément dans un parti politique mais dans leur engagement quotidien, dans la façon d'exercer leurs responsabilités professionnelles. Le but de la stratégie intégriste est de contraindre l'élite à l'exil ou à la stérilité. Grâce à la presse indépendante, elle tente pourtant de continuer à s'exprimer, de poursuivre son travail. Mais l'étau se resserre autour des victimes désignées, et l'un des drames que nous supportons est l'indifférence que manifeste le pouvoir à l'égard de ce meurtre de l'esprit. Ce sont des opposants potentiels ou avoués que les islamistes exécutent, ils lui rendent service. Par ailleurs, il faudra des années pour que l'Algérie retrouve des hommes et des femmes de la qualité, de l'intégrité, de ceux qui meurent. Ce crime est impardonnable.

E. S. – La répression te paraît-elle être une solution? Tu as soutenu en 1988 le Comité national contre la torture, tu ne peux évidemment pas l'approuver maintenant qu'elle s'applique aux islamistes...

K. M. – Répondre au terrorisme par une répression qui s'abat essentiellement sur les militants de base du FIS, tout en épargnant ses dirigeants et ses commanditaires, ne peut pas être une solution. Par essence, la torture est inadmissible. On ne peut à la fois défendre un projet démocratique et tolérer des pratiques contraires aux valeurs mêmes pour lesquelles nous sommes en train de mourir. Si difficile que soit leur tâche de maintien de l'ordre, les forces de sécurité doivent comprendre qu'elles ne peuvent l'accomplir que dans la stricte application des lois de la République. Là aussi, il y va de l'avenir de la démocratie. Bref, la torture, je n'admets pas.

194

Malheureusement, elle est consubstantielle à ce régime. Mes amis y ont « goûté » eux aussi, à plusieurs reprises ! Saïd Sadi en garde des traces indélébiles depuis son passage au pénitencier de Lambèze en 1986. Or, je n'ai jamais vu les organisations humanitaires, pas plus que la gauche française, s'en émouvoir outre mesure, ni se mobiliser pour lui, comme elles le font aujourd'hui pour le FIS... Tant que je serai vivante, je témoignerai que ni Amnesty International, ni aucune Ligue des droits de l'homme ne sont venus seulement me demander une copie de ma condamnation à mort. J'espérais que mon cas, avec celui de beaucoup de mes amis, les intéresserait, au moins à titre d'information. Mais rien. Je ne me prononcerai pas sur leurs motivations, je constate. Que le pouvoir de mon pays ne me protège pas, cela ne m'étonne pas, et je n'attends rien de lui. En revanche, qu'il me faille sans cesse justifier devant des esprits soupçonneux mes opinions, mes prises de position, le sens de mon combat – et jusqu'au fait même que je sois encore en vie –, c'est répugnant. Rien n'est innocent. Pourquoi, à chaque fois que j'essaye de parler de la tragédie que subissent la société civile et les démocrates, m'oppose-t-on aussitôt le « calvaire » des intégristes comme si j'en étais responsable ? De plus, pour moi, toutes les causes ne se valent pas : l'intégrisme, comme le racisme, n'est pas une opinion, c'est un délit.

E. S. – Le maintien de l'armée au pouvoir ne peut donc pas être, selon toi, une solution ?

K. M. – Certainement pas ! Elle a fait la preuve de son incapacité absolue. De plus, je ne vois pas comment elle pourrait se maintenir indéfiniment contre tout le reste de la société. Le clan du président

Zeroual n'est pas opposé aux objectifs fondamentaux de Madani, mais il caresse un « rêve » impossible : celui d'un islamisme sans terrorisme. C'est faire abstraction des mobiles qui ont poussé une partie de la jeunesse dans les bras du FIS. L'intégrisme algérien n'est pas un extrémisme de conviction, mais de désespoir, donc de revanche. Il faudrait que l'armée soit en mesure d'apporter des réponses concrètes à ce désespoir, pour supprimer la violence. Ce n'est pas le cas du tout.

E. S. – Quel est l'état des forces idéologiques dans l'armée ? Existe-t-il à ta connaissance des officiers républicains avec lesquels le camp démocrate pourrait s'entendre ?

K. M. – L'armée n'est pas un bloc homogène, ce n'est pas une révélation. Au moins deux grandes tendances y coexistent, l'une favorable à l'islamisme, l'autre non. Dans cette dernière, il y a ceux qui ont réellement des convictions républicaines, et ceux qui s'opposent au FIS parce qu'il ne leur a donné aucune garantie sur leur vie et leurs biens. Les républicains sont-ils légion ? On parle de nombreux jeunes officiers de métier, formés dans les plus grandes écoles, et qui ne se sont pas impliqués dans les compromissions de leurs aînés. Qu'ils viennent nous soutenir, s'ils existent ! Ce n'est pas à nous d'aller vers eux ! Mais je n'en sais guère plus... Quoi qu'il en soit, entre ces deux tendances, l'armée aujourd'hui se livre à un exercice d'équilibrisme périlleux pour l'Algérie. L'unité de façade ne pourra pas tenir indéfiniment. Alors, asseoir nos positions et définir notre stratégie par rapport à ce deus ex machina, ce serait le conforter dans le rôle d'acteur décisif et d'arbitre incontournable. Cela reviendrait à s'enferrer encore plus dans un système qui nous étrangle depuis trente ans. Il n'y a à mes yeux d'autre solution que la construction autonome d'une force démocratique républicaine, assez puissante pour être l'alternative salvatrice. On ne peut la concevoir que dans une double rupture : avec le régime dont l'armée est l'épine dorsale, et avec son héritier intégriste. En d'autres termes, je suis aussi une adversaire résolue de la « dictature militaire éclairée » dont rêvent certains.

E. S. – Le FIS a-t-il encore une possibilité, de son côté, de prendre le pouvoir seul ?

K. M. – S'il pouvait le faire, il ne s'en priverait pas. Or je crois qu'il est aujourd'hui beaucoup moins en mesure de prendre la rue qu'en juin 1991. Son acharnement sur les populations civiles traduit son incapacité à les mobiliser. Il est à la fois militairement affaibli par les forces de sécurité, politiquement en perte de vitesse, et moralement discrédité, car les assassinats d'enfants, les viols et les décapitations de femmes choquent au plus haut point une société dont le code de l'honneur ne peut s'accommoder de tels actes.

E. S. – Les divisions internes du FIS, son éclatement en groupes armés rivaux vivant en quasi-autonomie, sans coordination nationale même s'ils sont en relation avec les chefs politiques, jouent-ils un rôle dans cette impuissance ?

K. M. – Le mouvement islamiste est traversé par des conflits de stratégies qui portent sur les méthodes ou sur les cibles, par les ambitions divergentes de chefs qui poussent leurs troupes respectives dans la logique folle d'une surenchère meurtrière, par les intérêts contradictoires des États qui les actionnent. Les fissistes « afghans » au service des États-Unis ne peuvent pas s'entendre avec les groupes manipulés par Khadafi. Ceux que finance l'Arabie Saoudite ne peuvent pas se retrouver aux côtés de ceux qu'entretiennent l'Iran ou le Soudan. Tous reproduisent sur le sol algérien les querelles, les haines, les incompatibilités de leurs alliés étrangers. J'ajoute qu'il manque à l'islamisme algérien ce qui ne fait défaut ni à l'Égypte, ni à l'Iran, ni au Soudan : un personnel politico-théologique sécrété par ces sociétés, à même d'encadrer l'État islamique. C'est tout cela qui, chez nous, rend les islamistes inaptes à prendre le pouvoir... Bien des gens croient qu'on a affaire à un bras armé unifié avec une stratégie nationale réfléchie, regroupé sous la bannière de l'Armée islamique du salut. La réalité est tout autre. Nous sommes face à une multitude de groupuscules autofondés, chacun roulant pour son propre compte. Seul le GIA fait exception. Il est mieux organisé parce qu'il a des accointances internationales, est lié à tous les autres grands réseaux terroristes coordonnés par les services secrets iraniens. Dernièrement, au Liban, se sont ainsi retrouvés le GIA, le Hezbollah libanais, le Djihad islamique palestinien, le Djamaât Islamia égyptien. Mais même le GIA n'a pas la force de conviction ni les moyens d'accéder seul au pouvoir.

E. S. – De leur côté, les démocrates ont du mal à accéder à une existence publique, et ils sont follement divisés. Pourquoi?

K. M. – Le pouvoir fait tout pour empêcher la constitution d'un front démocratique. Il tente d'abord de lui supprimer tout espace d'expression publique libre. Il exerce un chantage sur la presse écrite indépendante en abusant de son monopole sur le papier et les moyens d'impression. Il prend prétexte de la situation sécuritaire pour la suspendre, selon son bon vouloir. Il a même concocté une loi interdisant aux entreprises de choisir directement leur support publicitaire : la pub est distribuée au prorata des preuves de docilité. Raffinement dans la perfidie : en mars 1995, un titre de la presse francophone a été suspendu un temps pour n'avoir pas accouché de son jumeau arabophone ! Quant à la radio et la télévision dites de service public, le pouvoir en use toujours comme de sa propriété privée. Autant dire qu'il faut faire allégeance pour mériter le micro ou l'écran. Saïd Sadi, par exemple, n'est pas passé à l'antenne dans une émission politique, en quatre ans. Quant à moi, je n'ai plus eu droit à la télévision algérienne depuis l'assassinat de Boudiaf. Heureusement, les chaînes françaises captées en Algérie m'offrent parfois une tribune... Depuis le 29 juin 1994, nous avons compris, et à quel prix – deux morts et soixante et onze blessés, dont moi-même –, que les mouvements politiques autonomes ne peuvent compter que sur eux-mêmes pour assurer leur sécurité. Le pouvoir s'en lave les mains. Aujourd'hui, il faut savoir que nous ne pouvons à peu près plus faire de rassemblements publics. Seules les fameuses « manifs spontanées » de soutien à Zeroual ont droit de rue. Les menaces des intégristes, les conditions de vie auxquelles elles nous contraignent rendent difficiles les rencontres entre militants, l'échange d'idées, la mise au point de stratégies communes. Enfin, c'est vrai, des mœurs politiques malsaines poussent, hélas, certains leaders à sacrifier le débat loyal à leurs haines personnelles. Cela pourrit le climat, aggrave l'émiettement et déroute un peuple qui n'y retrouve plus ses marques.

E. M. – Du coup, un projet démocratique n'est-il pas pure utopie?

K. M. – Nous n'avons pas d'autre choix. Même si les appareils freinent, nous sommes condamnés un jour ou l'autre à nous entendre. La pression des événements et d'une population qui aspire à cette union l'imposera. La question aujourd'hui, en Algérie, n'est pas de vendre un programme, mais de faire triompher les valeurs sacrées de liberté, de respect de la dignité, de justice et d'égalité. Un pays est en jeu, pas un parti. C'est dans cette perspective que le Mouvement pour la république, dont je suis une des vice-présidentes, a été fondé en novembre 1993. C'est un rassemblement créé par 5 112 citoyens, au-delà de leurs chapelles politiques, mais autour d'un SMIG républicain.

E. S. – La plate-forme de Rome qui a rassemblé d'autres formations politiques, en janvier 1995, n'est-elle pas, elle aussi, une tentative de sortie de crise?

K. M. – Il faut distinguer, dans cette affaire, le fond et la forme. A Rome, nous dit-on, l'opposition démocratique s'est réunie avec le FIS. Parlons d'abord de cette opposition démocratique. Qui était là? Principalement, le FLN et le FFS. Comment, par quel miracle, l'ex-parti unique, auteur du Code de la famille, qui n'a jamais renié aucun de ses actes, se serait-il métamorphosé? Ce n'est pas parce que Abdelhamid Mehri, son secrétaire général, est opposé à Zeroual, qu'il a un autre objectif que de récupérer le pouvoir. C'est la première escroquerie de Rome. Le FFS, quant à lui, n'a fait qu'apporter une caution démocratique à ces accords. Pour le reste, on trouvait autour de la table des négociateurs intégristes : Ben Bella pour le MDA, (Mouvement pour la démocratie en Algérie), Ali Yahia, Anwar Haddam, membre déclaré du GIA, pour le FIS, Abdallah Djaballah pour En-Nahda.

Sur le fond, l'accord auquel ils sont parvenus est une superposition de déclarations contradictoires. Chacun peut y trouver ce qu'il veut. Le plus important à mes yeux, c'est que dans les principes non négociables, les signataires affirment la « supériorité de la loi légitime ». En termes juridiques, cela signifie que la charia est supérieure au droit et aux lois civiles. Deux exemples : la loi divine accepte la polygamie, donc les signataires de Rome s'engagent à ne jamais la remettre en question ; elle recommande de couper la main des voleurs, de tuer l'apostat : on pourra légalement le faire. On comprendra aisément que je ne puisse souscrire à un tel avenir. Jusqu'à quel point, dès lors, peut-on dire que le FFS est encore démocrate, puisqu'il accepte de telles monstruosités ?

E. S. – Cependant, le FIS, sous certaines conditions, ne s'engage-t-il pas à renoncer à la violence ?

K. M. – Si ce n'était le tragique de la situation, il faudrait en rire ! Le FIS fait la paix à Rome et continue la guerre en Algérie. Une semaine après la rencontre de San Egidio, un attentat à la voiture piégée, à une heure de grande affluence au centre d'Alger, a provoqué un carnage. Par qui a-t-il été aussitôt revendiqué ? Précisément par Anwar Haddam, le signataire au nom du FIS, qui en est aussi le porte-parole à Washington. Je ne suis pas surprise qu'aucun des autres « Romains » n'ait cru bon de le dénoncer. Je le suis plus que personne ne se soit indigné de ce silence, en France notamment. Les négociateurs sont solidaires de toutes les actions menées par les groupes terroristes. Pour moi cette plate-forme, astucieux événement médiatique, est caduque.

E. M. – François Mitterrand en est un défenseur avoué. Que penses-tu de ce soutien?

K. M. – Monsieur Mitterrand s'est toujours trompé sur l'Algérie. Pendant la guerre de libération, alors qu'il était ministre de l'Intérieur, il a soutenu qu'il n'y avait qu'« une seule solution, la guerre ». Après l'indépendance, Premier secrétaire du parti socialiste, il a fermé les yeux sur le régime de Boumediene. Une fois président de la République, il a persisté dans l'erreur en soutenant le colonel président Chadli, puis il a désapprouvé l'interruption du processus électoral. Cette fois-ci, il nous fait son dernier cadeau empoisonné.

E. S. – Quelle colère! Éprouves-tu la même à l'égard de toute la gauche française?

K. M. – Je ne suis pas en colère. Quant à la gauche française, elle n'est pas monolithique. Il y a toujours eu, à toutes les étapes historiques, une partie de cette gauche qui a été plus lucide et fidèle à ses valeurs. Mais c'est à certains intellectuels de gauche que je voudrais surtout dire ce que j'ai sur le cœur. Qu'ils aient des comptes à régler avec leur propre « histoire algérienne », je l'admets. Mais qu'ils cessent de le faire sur le dos de ma génération! Je pourrais être la fille de quelques-uns d'entre eux. Leurs problèmes et leurs rancœurs ne peuvent pas être les miens. Je ne suis pas responsable de ce qui les agite, de leurs espoirs déçus de ne pas avoir vu se réaliser le rêve d'une Algérie socialiste, « phare du tiers monde ». Cette génération à laquelle j'appartiens est capable de réfléchir par elle-même, de choisir toutes ses références, y compris ses références bibliographiques, de se passer d'un agrément. Je suis très satisfaite que des intellectuels, des chercheurs se passionnent pour l'islam comme sujet d'études. Mais ils ne peuvent pas me demander de découvrir ou d'endosser leur vision d'une religion, d'une culture, d'un patrimoine dans lesquels j'ai été élevée, moi, dans lesquels je baigne. Je respecte leur statut d'observateur, qu'ils en fassent autant pour mon statut d'acteur, qui est totalement différent. A-t-on jamais vu un chimiste réclamer des comptes à une molécule qu'il analyse? Et pourquoi l'islam aurait-il un traitement particulier?

E. S. – Qu'attends-tu de la France?

K. M. – Je sais à quel point pèsent lourd dans la politique algérienne de la France notre histoire commune, l'immigration, le gaz, l'uranium, les réserves pétrolières dont on vient de découvrir combien elles sont colossales. Pourtant, ce qui me frappe aujourd'hui dans la classe politique française, c'est la diversité des opinions sur mon pays : il y a quasiment autant de positions que de responsables. Cela traduit à la fois la conscience des enjeux et une difficulté à trancher, que je comprends. La France doit gérer des relations bilatérales de plus en plus complexes car un nouvel acteur intervient et brouille les cartes : les États-Unis. L'Amérique, dont les intérêts géostratégiques et économiques font depuis longtemps l'allié des États islamiques, s'accommoderait parfaitement d'une victoire des intégristes. Il ne faudrait pas que, par surenchère pour défendre son propre leadership en Algérie, la France verse à son tour dans la compromission avec les islamistes. Je me permets de rappeler que cette mouvance a déjà clairement choisi Washington. Je ne suis pas pour autant en train de dire que Paris doit continuer à soutenir le régime algérien. Je m'étonne au contraire que la France, républicaine et laïque, tarde à assumer et à soutenir ses alliés naturels : les démocrates qui résistent en Algérie et refusent toute alliance avec le « fascislamisme ». Je l'adjure d'entendre ceci : les quelques voix comme la mienne, qui ont la chance d'être médiatisées, ne sont pas solitaires. En Algérie, elles sont l'écho d'une société civile en attente. En France même, elles incarnent les choix avoués de la communauté immigrée, comme vient de le démontrer un sondage exclusif *Valeurs actuelles*–Europe 1. L'écrasante majorité des Algériens installés en France soutient le projet démocrate républicain, rejette l'intégrisme et vit l'islam dans la laïcité, tranquillement.

E. M. – Précisément, à propos de l'islam. Les démocrates algériens ne devraient-ils pas s'y référer, pour faire comprendre et progresser leur message ?

K. M. – Je suis laïque, donc je refuse toute manipulation politique de la religion. L'islam a toujours été utilisé en Algérie, pour justifier telle ou telle mesure aussi bien par le pouvoir que par une partie de l'opposition. Boumediene a ainsi légitimé la révolution agraire et la gestion socialiste des entreprises, entre autres. Chadli, je crois en avoir suffisamment parlé. Pendant longtemps, le parti communiste a milité pour « l'islam des pauvres », « l'islam progressiste », dans les années soixante-dix et quatre-vingt. Et le FIS... Ce n'est pas la laïcité qui met en danger l'islam et les croyants, mais tous ces tripotages pour légitimer les actes d'un pouvoir. Ce travail d'explication ne doit pas être assumé par les politiques, car ce serait déjà le soumettre à des enjeux. C'est à la

204

société civile de le faire. Le professeur Stambouli, islamologue algérien prestigieux, a publié là-dessus des travaux remarquables. C'est sans doute pourquoi les intégristes l'ont assassiné en août 1994.

E. S. – L'Algérie est-elle prête à entendre un discours sur la laïcité?

K. M. – La laïcité est le résultat d'un lent processus historique qui est allé de pair avec l'émergence de l'individu et du citoyen. Cela ne s'est pas fait sans crises ni violences. L'Église de France s'est défendue durement. Elle n'a pas concédé la laïcité, elle a été battue par des hommes et des femmes qui ont d'abord été minoritaires, avant de convaincre. Pourquoi n'en serait-il pas de même pour l'Algérie? Pourquoi prétendrait-on que cette laïcité est impossible dans mon pays, sous prétexte qu'elle n'y apparaît pas d'un coup de baguette magique? Je suis persuadée que, s'il est difficile de dire que l'Algérie est une société de citoyens, il est impossible en revanche de prétendre qu'elle est une communauté de croyants. Le débat ne porte pas sur les incompatibilités entre islam et laïcité, car la sécularisation ne signifie nullement la destruction de la religion. Il s'agit plutôt de savoir quel type d'État on veut construire, État de droit divin ou État de droit. Je crois que les conditions actuelles permettent l'émergence de l'individu et du citoyen, plus que ça n'a jamais été le cas. Nous en vivons, en ce moment même, l'accouchement douloureux. Car, il y a une autre lecture possible de ce qui se passe aujourd'hui en Algérie, et je suis surprise que presque personne, à l'exception notable d'un juriste algérien, Nouredine Saadi, ne la fasse.

E. S. – Quelle est cette lecture?

K. M. – Nous, Algériens, confrontés à l'intégrisme, sommes amenés à nous poser ces questions essentielles : l'islam est-il la source de tous nos maux, autrement dit, l'islamisme est-il contenu dans l'islam ? Et comment s'en sortir ? Dès lors qu'une société s'interroge là-dessus, et qu'elle résiste passivement ou activement à l'extrémisme, c'est qu'au bout du chemin, du moins pour une partie d'entre elle, la réponse ne pourra être que la laïcité. Car ce débat se greffe sur la singularité algérienne : notre pays a été structuré par le républicanisme français pendant un siècle, et la société en est façonnée de manière indélébile.

E. S. – En attendant, l'Algérie choisit une forme de résistance...

K. M. – La résistance, on le voit tous les jours en Algérie, est une réalité populaire qui vise aussi bien l'intégrisme que le régime. Des villages organisent leur autodéfense, des réseaux de solidarité sont créés... Résistants, ces millions de citoyennes et de citoyens qui bravent les menaces de mort des groupes armés du FIS, qui font face aux responsables officiels corrompus et démissionnaires, et continuent de se rendre à leur travail. Résistantes aussi, et combien, l'infirmière, l'enseignante ou l'élève qui vont, dévoilées, tout simplement là où elles ont à aller. Ne faut-il pas parler d'héroïsme à propos des journalistes ou des femmes, des hommes, qui persistent à faire exister une parole publique ? C'est grâce à toutes ces figures de la liberté, sous les projecteurs ou anonymes, que l'Algérie ne s'est pas effondrée.

E. S. – On trouve les villages résistants surtout en Kabylie. Ce n'est pas un hasard. N'y a-t-il pas un danger de sécession kabyle ?

K. M. – Même si la résistance a commencé en effet dans les villages de Kabylie, et si des comités de vigilance sont apparus là en octobre 1993, le phénomène a gagné plusieurs autres régions, comme celle de Jijel, de Médéa ou d'El-Asnam. Il s'est donc étendu désormais à l'ensemble du pays. La résistance a partout le même objectif : empêcher par les armes s'il le faut les pillages, les enlèvements ou les viols de femmes, les assassinats. En Kabylie, il ne s'agit pas d'un conflit tribal ou régional. Mais à chaque fois que la Kabylie entreprend une action, même si elle est relayée ailleurs, on fait resurgir le spectre de la sécession. C'est exaspérant. Cette région a payé un lourd tribut à la libération de toute l'Algérie pendant la guerre d'indépendance, je défie quiconque de produire une seule déclaration revendiquant l'autonomie ou la sécession. Je m'y suis rendue le 8 mars dernier, à Igoujdal, le premier village à avoir résisté par les armes aux assauts des terroristes en juillet 1994, pour célébrer la Journée internationale des femmes. J'y ai rencontré des résistantes et des résistants, je les ai beaucoup écoutés : ils ne m'ont jamais parlé d'une « solution kabyle » mais toujours du seul sort de l'Algérie... L'Histoire nous enseigne que lorsqu'une idéologie est porteuse de ségrégation purificatrice – et c'est le cas pour le FIS –, seule la résistance, l'obsession démocratique et républicaine sont salvatrices. Je sais qu'il n'est pas facile de refuser l'intégrisme tout en contrant le pouvoir, mais je préfère cette difficulté-là au chaos qu'amènerait une alliance entre l'armée et le FIS.

E. S. – Selon toi, y a-t-il aujourd'hui une guerre civile en Algérie ?

K. M. – Certainement pas. La violence traverse toute la société, touche chaque famille, mais elle n'oppose ni deux régions, ni deux ethnies, ni deux religions différentes. Il ne s'agit pas non plus d'un simple conflit entre l'armée et le FIS. Ce ne sont pas seulement des policiers et des militaires d'un côté, des militants intégristes de l'autre qui tombent, mais aussi des dizaines de milliers de civils sans armes qui ne sont impliqués dans aucun camp. Comme le dit André Glucksmann : « Ce n'est pas une guerre civile mais une guerre contre les civils. »

E. S. – Crois-tu toujours que le pouvoir veut dialoguer avec le FIS ? Après que l'armée a essayé de négocier avec Madani et Benhadj, elle a apparemment rompu avec eux. Benhadj vient même d'être envoyé dans le Sud...

K. M. – Dès que Zeroual, général à la retraite, a été appelé en tant que ministre de la Défense, puis désigné comme président en janvier 1994, il a essayé de négocier avec le FIS. Pour cela, il a libéré une partie de ses dirigeants, afin qu'ils se mettent en contact avec les groupes armés. Il a allégé les conditions de détention de Madani et Benhadj, placés dans une résidence d'État où ils avaient à leur disposition fax et téléphone, ainsi que la possibilité de recevoir des visites. Zeroual était en passe de partager le pouvoir avec ces leaders, lorsqu'un deuxième clan de l'armée est intervenu pour l'en empêcher. A mon avis, le FIS n'a pas donné à certains généraux de garanties suffisantes pour leur propre survie. C'est pourquoi je crains que les négociations reprennent, le jour où ces quelques officiers auront des assurances sur leur sort. Le seul objectif des accords de Rome, c'est de permettre au FIS et à l'armée de trouver un terrain d'entente. Plus qu'une perspective de « paix », c'est la continuation de la guerre sous d'autres formes.

E. S. – Comment définirais-tu l'impasse algérienne?

K. M. – Je la résumerai d'une phrase : aucun gouverné en Algérie aujourd'hui ne fait confiance à ses gouvernants. Et ce régime veut nous contraindre à accepter la logique du « moi ou le chaos ». Le camp intégriste, de son côté, fait le même chantage et se présente comme la seule alternative à la crise, avec le même slogan : « moi ou le chaos ». L'impasse d'aujourd'hui, c'est précisément que les Algériens, pris dans un étau, coincés entre ces deux ultimatums, refusent absolument de choisir. A l'étranger, on comprend mal cette attitude. Elle n'est ni silence ni paralysie. C'est la preuve d'une extrême lucidité et d'une grande sagesse qui a évité jusqu'à aujourd'hui la somalisation, la libanisation, la yougoslavisation du drame algérien. Alors que bon nombre des ingrédients pour une explosion de ce type sont présents, elle n'a pas lieu, parce que ce peuple n'en veut pas.

E. S. – Si je te comprends bien, le peuple algérien est incontournable? Cela signifie-t-il pour toi qu'il n'y a donc aucun risque qu'il soit mis à genoux?

K. M. – C'est le peuple, non le FIS, qui est incontournable en effet. Hélas, cela ne signifie pas qu'on ne cherchera pas à le soumettre. Dans ce climat de terreur que font peser les groupes armés du FIS, la population doit faire face à la réalité économique très difficile, aggravée par les plans draconiens du FMI. La boîte de lait aujourd'hui vaut neuf francs pour un salaire minimum garanti de trois cent quatre-vingts francs environ. La très forte dévaluation du dinar a entraîné un effondrement du pouvoir d'achat, et les privatisations annoncées provoquent des risques de licenciement. L'explosion sociale est latente, le pouvoir ne l'ignore pas. Mais comme il ne pourra pas plus demain qu'hier y répondre par une gestion intelligente, il recourra à la répression. Or, il est également conscient que le FIS n'hésitera pas à récupérer le mécontentement populaire pour grossir ses rangs. La possibilité d'une alliance entre au moins un clan de l'armée et les tenants de la Dawla islamia m'apparaît donc très probable. D'autant que beaucoup y trouveraient leur compte : le régime qui se maintiendrait par le partage, le FIS qui accéderait enfin aux affaires, et le reste de l'aréopage romain qui y gagnerait certainement quelques miettes. Quelle situation de rêve pour le FMI, qui verrait ses plans appliqués, toute contestation populaire étant étouffée!

E. S. – Pour sortir de l'impasse, le gouvernement algérien propose des élections présidentielles, en juillet prochain. Es-tu prête à y aller, et dans quelles conditions?

K. M. – J'irai, si elles sont réellement libres, cette fois-ci, et si elles débouchent sur un processus démocratique qui, lui, n'a jamais eu lieu. Cela suppose que toute femme, tout homme puisse aller voter sans contrainte ni menace d'aucune sorte. Il faut donc, obligatoirement, que les groupes armés soient dissous. Les candidats doivent être assurés d'avoir accès aux médias. Tous les partis doivent s'engager sur le respect de l'alternance, sur le pluralisme, les valeurs démocratiques. Les partis religieux devront renoncer à présenter des candidats porte-parole de Dieu sur terre. Les listes électorales doivent être revues. Celles dont nous disposons datent de l'autorité municipale du FIS. D'autre part, plus de sept cents mairies ou sous-préfectures ont

210

été détruites avec leurs archives par les terroristes, et il faut recenser les populations qui ont fui la terreur. Les Algériens sont traumatisés par les élections de 1991, il faut les rassurer. Mais comment donner confiance aux femmes qui vivent toujours sous le règne du Code de la famille?

E. S. – Crois-tu pouvoir revenir bientôt à une vie normale, Khalida?

K. M. – Hélas, je crains que non. Il suffit de voir comme les femmes tombent sous les balles assassines en ce maudit mois de mars 1995. Écolières, lycéennes, jeunes femmes... enceintes de neuf mois. Juste parce qu'elles étaient femmes et qu'elles étaient là, dehors, à un arrêt de bus, au marché ou dans une classe de collège... Ne sommes-nous pas dans la logique folle de « Tu meurs pour ce que tu es » ?

E. S. – N'y a-t-il pas de quoi désespérer?

K. M. – Mon cri est désespéré, sûrement. Comment peut-il en être autrement, devant tant d'horreur et d'injustice, face à cette coalition du mal et de la terreur? Elisabeth, j'ai affaire, nous avons affaire à une internationale intégriste. Quelle inégalité, quel déséquilibre! Mon combat est-il perdu? Certainement pas. Il est chaque jour un peu plus conforté, soutenu, par une formidable solidarité, qui trouve ses voies, cherche à s'organiser pour être plus efficace. La lettre « Aux femmes algériennes » publiée par *Le Nouvel Observateur* de Jean Daniel à l'occasion de la Journée internationale des femmes, le 8 mars 1995, est à mon sens révélatrice, mieux, fondatrice. Elle est le déclic nécessaire à la constitution et à l'avènement d'une « internationale démocratique » que j'appelle de toutes mes forces depuis 1993, de Vienne où s'est tenu le Tribunal sur les violences à l'égard des femmes. J'avais l'impression de prêcher dans le désert. Aujourd'hui, la qualité des signataires de cette lettre, la puissance, la justesse et la sincérité de son contenu, magnifique relais de la résistance de mon peuple, me consolident, me donnent des ailes, et m'empêchent de sombrer dans le désespoir. Merci à eux et à elles. Merci pour l'Algérie de Katia, abattue à dix-sept ans pour avoir dit « non » au voile, pour celle de Khéïra, qui, malgré le viol collectif, trouve encore le courage de témoigner.

E. S. – Alors, tu ne céderas pas?

K. M. – Jamais.

Condamnation à mort de Khalida Messaoudi par le FIS
envoyée le 12 juin 1993

بسم الله الرحمن الرحيم

حركة الدولة الإسلامية

نحو جنود الله أولياء الرحمن الى أعوان الطاغوت أولياء الشيطان

بسم الله وإنذار

الإسم: .... خالد م
اللقب: .... مسعودي ن

إن رجال الجهاد الإسلامي في الجزائر قد شقوا الطريق نحو بناء دولة الإسلام دولة لا إله إلا الله محمد رسول الله وأعلنوا الجهاد ضد الطغاة الذين تبيّن عداؤهم للإسلام وأهله وأنهم لايفهمون إلا لغة الرصاص، ومن هنا وإبراءًا للذمة أمام الله وأمام التاريخ فإنهم يتوجهون بالتحذير الجازم والوعيد الجازم لكل من سوّلت له نفسه الوقوف في وجه جنود الله وارقى في أحضان الطاغوت يقدم له خدمات تمس بحركة الجهاد الإسلامي مهما كان نوعها ومصدرها.

ومن هنا فإن رجال الجهاد الإسلامي يقولون لهؤلاء المرتدين العملاء للطاغوت أن يد الجهاد الإسلامي تزداد قوة وطولا يوما بعد يوم -وذلك من فضل الله وعونه- وهي قادرة اليوم أكثر من أي وقت مضى أن تلاحق أولئك المجرمين الخونة وإرتدين في كل مكان في الداخل وإن في الخارج وتنهي حياتهم ولو كانوا في حصون منيعة ولو تعلقوا بأستار الكعبة ولايغرّ هؤلاء أن طاغوتهم سيحميهم فإن الطواغيت يتساقطون الواحد تلو الآخر من أصغر الطواغيت الى أكبرهم. وليس أعوانهم في الخارج ببعيدين عن يد الجهاد الإسلامي فإما تكفّرا عن عدائكم للجهاد وإما تعصف بكم يده القوية بإذن الله.

هذا إنذار أول وأخير ومن أنذر فقد أعذر ولا حجة لكم بعد البلاغ.

Au nom de Dieu clément et miséricordieux
Mouvement pour l'État islamique

De la part des soldats de Dieu, alliés et dépositaires du Clément, aux collaborateurs du Despote, alliés et dépositaires de Satan

COMMUNIQUÉ ET AVERTISSEMENT

Prénom : *Khalida* ....

Nom : *Messaoudi*. ....

Les hommes du Djihad en Algérie ont pris le chemin vers la construction de l'État de l'islam, l'État d'il n'y a de Dieu qu'Allah et Mohammed est son prophète. Ils ont déclaré la guerre aux despotes dont l'opposition à l'islam et son peuple a été prouvée et ils ne comprennent que le langage des armes.

A partir de là, et pour avoir la conscience tranquille devant Dieu et l'Histoire, les hommes du Djihad islamique adressent un avertissement solennel à tous ceux qui pensent pouvoir se dresser face aux soldats de Dieu et qui en fait ont été élevés dans les bras du Despote, lui offrant des services – de quelque nature et lieu que ce soit – contre le mouvement du Djihad islamique.

Donc les hommes du Djihad islamique disent à ces apostats collaborateurs du Despote, que la force de frappe et la longueur du bras armé islamique augmentent de jour en jour – grâce à l'aide de Dieu – et qu'il est capable plus qu'à aucun autre moment de poursuivre tous ces traîtres, apostats et criminels, où qu'ils soient.

Rien n'arrêtera les soldats de Dieu qui les poursuivront et les tueront, qu'ils soient à l'intérieur ou à l'extérieur, qu'ils s'entourent de remparts imprenables ou même s'ils s'accrochent aux rideaux de la Kaâba [1]. Qu'ils [les collaborateurs] ne comptent surtout pas sur la protection de leur Despote car les despotes tombent les uns après les autres, du plus petit au plus grand. Et qu'ils sachent que leurs soutiens à l'étranger ne sont pas du tout à l'abri du bras du Djihad islamique.

Alors, ou vous cessez votre opposition au Djihad islamique, ou sa violente tempête vous emportera.

Ceci représente notre premier et dernier avertissement.

Sachez que celui qui avertit est absous et qu'il ne vous restera aucune excuse après ce communiqué.

[Suit le cachet du Mouvement pour l'État islamique dirigé par Saïd Makhloufi.]

---

1. La Kaâba est un lieu saint à La Mecque, connu pour être un lieu de réconciliation.

TABLE

Cet ouvrage a été réalisé par la
SOCIÉTÉ NOUVELLE FIRMIN-DIDOT
Mesnil-sur-l'Estrée
pour le compte des Éditions Flammarion
en mars 1995

Imprimé en France
Dépôt légal : avril 1995
N° d'édition : 15965 – N° d'impression : 30268